广东省中小学"百千万人才培养工程"

省级培养项目系列丛书

从研究的视角看教育写作

一线教师专业表达常见的30个问题

陈永畅 著

SPM 南方传媒
广东人民出版社
·广州·

图书在版编目（CIP）数据

从研究的视角看教育写作：一线教师专业表达常见的 30 个问题 / 陈永畅著. — 广州：广东人民出版社，2023. 9
（广东省中小学“百千万人才培养工程”省级培养项目系列丛书）
ISBN 978-7-218-16838-8

Ⅰ. ①从…　Ⅱ. ①陈…　Ⅲ. ①作文课—教学研究—中小学　Ⅳ. ①G633. 342

中国国家版本馆 CIP 数据核字（2023）第 156117 号

CONG YANJIU DE SHIJIAO KAN JIAOYU XIEZUO：YIXIAN JIAOSHI ZHUANYE BIAODA CHANGJIAN DE 30 GE WENTI
从研究的视角看教育写作：一线教师专业表达常见的 30 个问题

陈永畅　著

出 版 人：肖风华

责任编辑：王庆芳　张　瑜
责任技编：吴彦斌　周星奎

出版发行：广东人民出版社
地　　址：广州市越秀区大沙头四马路 10 号（邮政编码：510199）
电　　话：（020）85716809（总编室）
传　　真：（020）83289585
网　　址：http://www. gdpph. com
印　　刷：广东虎彩云印刷有限公司
开　　本：787mm×1092mm　1/16
印　　张：12. 25　　　**字　　数：**180 千
版　　次：2023 年 9 月第 1 版
印　　次：2023 年 9 月第 1 次印刷
定　　价：48. 00 元

如发现印装质量问题，影响阅读，请与出版社（020-85716849）联系调换。
售书热线：（020）87716172

总　序

党的二十大报告指出："教育是国之大计、党之大计。培养什么人、怎样培养人、为谁培养人是教育的根本问题。"百年大计，教育为本；教育大计，教师为本。教师是教育改革与发展的第一资源，教师强则教育强。作为人才强教、人才强省的一项重要改革举措，广东省中小学"百千万人才培养工程"的深入实施，不断创新优秀教师培养机制，建立了省、市、县三级分工负责、相互衔接的中小学教师人才培养体系，坚持"系统设计、高端培养、创新模式、整体推进"的工作理念，分层分类培育教育家型教师、卓越教师和骨干教师并发挥他们的示范引领作用，辐射带动中小学教师队伍整体素质提升，为广东省加快推进教育现代化提供坚实的师资保障和人才支持。

韩山师范学院作为广东省中小学"百千万人才培养工程"小学理科名教师的培养单位，充分发挥百年师范办学沉淀下来的"勤教力学、为人师表"的优秀师德传统，密切结合新时代教师专业发展的新要求，遵循省级培养项目"师德为先、竞争择优、分类指导、均衡发展、公平公正"的工作原则，采用理论研修与行动研修相结合、导师引领与个人研修相结合、脱产学习与岗位研修相结合、国外学习与海外研修相结合、研修提升与辐射示范相结合以及集中脱产研修阶段、岗位实践行动阶段、异地考察交流阶段、示范引领帮扶阶段、课题合作研究阶段的"5 结合 5 阶段"培养模式，致力于培养一批师德师风高尚、教育理念先进、理论知识扎实、教育教学能力强和管理水平高，具有国际视野、创新精神、较大社会影响力和知名度的小学理科教育家型教师。

教育家型教师一定要胸怀“国之大者”，立德树人，笃志于学，着力培养“有理想、有本领、有担当”的时代新人，成为塑造学生高尚人格、培养学生核心素养、促进学生全面发展的“大先生”。整个培养过程中，我们一直坚持“道”与“术”的深度融合，因为教师的发展永远是“道”与“术”的统一，没有“道”前提下的“术”往往是无源之水，没有“术”的自我之道也是无本之源，“道”的提升是名教师发展的必经之路。在“5 结合 5 阶段”的培养过程中，我们侧重于指导学员的教育教学新理念创新、学科前沿探究、教学改革行动研究、教学风格及教学思想提炼和传播等。35 名学员经过螺旋上升式的“学习+实践+反思”，不断打造自己的教学风格、凝练自己的教学思想，并物化成本系列专著。我们希望，这些承载着省寄予厚望的广东省中小学“百千万人才培养工程”学员们的教育成果能够发挥最大的品牌效应，引领更多教育人不忘初心、潜心育人，参与到广东省教育现代化的伟大事业中，为广东省基础教育高质量发展做出应有的贡献。

于韩师水岚园

序

写作成就专业，写作孵育思想

前不久，永畅老师发来信息，希望我能为他即将出版的新书《从研究的视角看教育写作——一线教师专业表达常见的30个问题》写一篇序言。我马上应承下来，因为我们有着特殊的“情缘”，20年前我曾是他的班主任，20年后我们又在广东省“百千万人才培养工程”小学理科名教师这个培训项目中再次成为师生，对他有了更多了解，更看到他在教师专业发展的路上一直不懈努力，一步步走向优秀。

其人：独特视角+研究精神

独特视角成就他的专业高度。 永畅是个善于反思的一线教师。上大学时我便发现他这一良好习惯，无论是在课堂上的沟通与互动，还是在作业中的思想火花，都能从中看到他在思考问题时酝酿出的与众不同的独特视角。工作后，他将这一习惯运用于教材解读、阅读写作和教研设计等方面，从而造就了他比别人看得更长远、更宽阔、更独特的品性。永畅凡事都会多问几个为什么，遇事会多想一步，做事向前多预设一点，所以他在科研及教研方面取得了丰硕成果，他的专业发展迅速，在同行中成为佼佼者。这也正是他作为比较年轻的一线教师入选广东省“百千万人才培养工程”小学理科名教师的奥秘所在了。

研究精神延伸他的专业长度。 永畅是一个善于探究的一线教师。他具有结构化和方法论的思维，无论是阅读他的论文，还是阅读他整理出来的讲座内容，都可见其这一突出特点，这是一线教师难能可贵的研究精神，也是一线教师能在教育路上可持续发展的动力来源，一线教师有了研究精神才能使自己的专业发展路径更科学、更规范，更有学术味道；而他正是在不断地践行这一点，例如他善于搭建自己研究的框架，通过科学的执行程序倒逼自己的专业提升，这也成就了他的专业能有今天的突破。

其书：专业痛点+精准建议

这是一本教育写作的工具书。 教育写作是一线教师觉得最难的一件事情，让他们“做”没有太大问题，但是让他们“写”则障碍重重。永畅在此书稿中聚焦教师关注的“写”的问题，从写作素材的挖掘、写作技巧的运用和文稿投递的窍门入手，帮助一线教师将课堂教学的意外、教研活动的思考、教材解读的感悟、教学设计的特色变成文字；并就如何规避写作误区、如何制定写作流程、如何选取核心主题、如何提炼吸睛的标题等问题借助案例一一与读者对话；此外，他还针对如何从现象、问题、研究和热点等到论文，给出了自己的实践经验，这些都是一线教师急需提升且真正对他们有帮助的。书中并没有太多的理论，更多的是用朴实的教学思考、详尽的教学案例和切实的教学建议，用“草根”经验告知教师如何撰写教学论文、教学案例等，这样的方式可能也是一线教师更能接受和所喜欢的。因此，在我看来，此书可以成为指导一线教师教育写作的工具书。

这是一本教育研究的参考书。 在很多教师看来，写作与研究没有太大关系。但实际上，只有具备一定的写作基础，才能逐渐地积淀自己的思想，才能形成自己的研究思路。而在此书中，无论是书稿的框架搭建，还是文章核心内容的凝练，都有研究的影子，这可能也是永畅撰写本书的初衷：用研究的视角看我们的教育写作。我们的教育写作不是仅为了写作，而是要利用写作来促进专业提升和思想形成。因此，书中告诉我们在选取写作素材和写作视角时，不能只是简单地记录事件，还需要表达个人对教育事件的认识、理解和思考，从而提高自己的专业素养水平和养成研究习惯。此外，从教育现象、教育问题到教育论文的形成，本质就是一种研究，它需要具备思考问题的方法论，更需要完整的研究过程，所以研究与写作实际上是相辅相成的，永畅在书中也是如此做的，这也是我认为本书能为我们做研究提供一定帮助的依据。

教师的发展永远是“道”与“术”的统一，没有“道”前提下的“术”往往是苍白的，没有“术”的自我之道也是无本之源，“道”的提升是教师发展的必经之路。从永畅专业成长的路径不难看出，教育写作不是纸上谈兵，更不是闭门造车，而是基于日常教育教学现象，转化为问题、课题，从而形成自己对这些问题的认识、思考，最后对接理论，提升到“道”的视角上看问题。在这里，永畅用自己的成长经验、写作历程告诉我们的不仅是写作的技巧，还有其专业发展的路径和教育写作给他专业成长带来的种种，我觉得这正是一线教师最需要的，也能模仿的。因此，我愿意在此为其作序，将它推荐给有需要的教师。

是为序。

韩山师范学院教授　袁德辉

2023 年 3 月 16 日写于潮州韩园

前言

写与不写，成就不一样的专业人生

教育写作，在很多人的心中始终蒙着一层神秘的面纱，因此它就犹如烫手的山芋般被束之高阁，也导致教师对教育写作的作用一直保持着褒贬不一的看法。有小部分的教师在这一方面尝到了甜头，觉得教育写作能给一线教师带来专业上的帮助；大部分教师则是对教育写作有排斥情绪，他们觉得教育写作是“不务正业”，认为教师的阵地在课堂。当然，这种观念也不完全是错误的，确实课堂永远是我们为人师者最重要、最基础的阵地，但是如何去给予我们这个阵地赋予更多的、与众不同的内容呢？我觉得教育写作可能是一条类似“曲线救国”的路径，在被很多人唾弃时，它却给人带来许多意外的惊喜。因此，我们必须重新认识教育写作、重新审视教育写作、重新评估教育写作；而在我这十多年的教育生涯中，能在广东省中小学“百千万人才培养工程”名教师培训对象、南粤优秀教师、深圳市骨干教师、宝安区教科研专家等高质量的评审中走到最后，教育写作的作用功不可没，因为对于我这样一名没有高学历，既非出自名校又资质平庸的教师来说，可能算是创造了一些“奇迹”。

当然这成长一路走来，也是伴随着许多质疑声，例如“你不就是会写吗?”“名师就一定要能上出漂亮的课来”。确实于我，虽然连续四年培养的青年教师都站上了深圳市教学技能大赛的领奖台，而自己却未能在近年的市级课堂大赛中斩获奖项。这也是一直以来我不够自信的原因，在我们心目中名师的课堂是要有真材实料的，虽然不一定能像吴正宪、华应龙、徐斌等教师那样，但是也需要有一定的底气，因此在区名师系列申报中，我自觉申报了教科研专家，这是我对自己要求的底线。那么对于教学的理解、教材的解读，我是有自己的思考的，只是可能缺少表现力和挑战的勇气。也正因为如此，我愈发觉得自己需要在理论和实践中找到属于自己的那一个领域，而教育写作从来没有离开过我的教育生活与工作，从而造就了具有深邃思想的我。

教育教学实践的现场——教育写作的基本立场

教育写作者不只是文字的创造者，还应该是教育教学现场的记录者和思考者；也不只是文字的搬运者，还应该是通过现象看到本质、从问题中发现规律的智慧者。这样一来，我们就要时刻保持着站在一线看教育教学的态度，教育写作是对自己教育生活的一种感悟、体验和思考，它不是任意捏造、随意编写，而要求我们用心去寻找教育实践与教育理论间的桥梁。

我的教育写作生涯，可以分成三个阶段：第一个阶段是案例写作阶段，这是个人专业成长的初始阶段，也是简单地把自己在教育教学中发生的意外、精彩的故事等记录下来，再加上一个理论的视角辨析的阶段；第二个阶段是把问题转化成写作的阶段，也就是我们在教育教学中遇到了一些问题，寻找解决问题的路径，从而得出一个经验、策略，然后形成了一篇小论文的阶段；第三阶段是从研究的视角下开始写作，这应该是个人教育思想突飞猛进的阶段，这里我开始用研究的方法去写作，记录的是从教育现象到教育理论的质变过程，这于我算是高阶的写作了。但无论是三个阶段中的哪个阶段，我都会坚持教育立场、教学现场、课堂本质，从而确保教育教学的思想有所长进，对教育教学的理解也不同于泛泛“划舟人”。

不难也不神秘——教育写作的基本观念

对教育写作，很多教师带有排斥心理，其最大原因是他们觉得教育写作太难，而且大部分教师将其与文学创作混为一谈，毕竟大家在读书时代已经受尽写作的“苦”。正如我每一次与教师们交流时，他们给我最直接的反馈就是“我不会写”“我不知道怎么写”，甚至有些教师很羡慕“能写”的教师，这足见教师们的畏难情绪还是来源于自己的胆怯或底气不足。

实际上，初级的教育写作，我们就只需要做到平时是怎么说的就怎么写，只要把案例真实、完整地记录下来，再通过独特的思考角度赋予有价值的讨论点，能引发读者的思考即可。它不需要有华丽的辞藻、动人的语句，更不需要有丰富的写作体例和表达方式，只要记录的是自己教育教学的经历与思考，是真情实感的文字，是自然表露的文字，做到这些就好。这就要求老师将自己观察和经历的教育现象用文字的形式重现，引人入胜，让人回到教育教学情境中，感受事件的发生，从而用自己对教育的看法激活读者认识教育本质。看到这里，你是否已经开始想敲起键盘，把自己的教育生活记录下来？是的，教育写作真的不难，也不神秘，只看你有没有勇气拾起那支沉寂多时的“笔”，从“不会”到“会”，从“记录”变成“思考”，从“肤浅”走向“深刻”。

收获不一样的专业人生——教育写作的附加效应

写或不写，都是我们自己对教育人生的选择。当然，很多教师会认为，教师就只要在课堂教学比赛中取得成绩便可，至于其他的只是锦上添花。但殊不知，我们当前有多少曾经在各级各类比赛中脱颖而出最后又回归平凡的教师呢？我想这样的例子数不胜数。我曾在2019年《小学数学教与学》这本我们小学数学界比较权威的杂志中看到这样的一组数据，这本杂志全年的文章有近38%来自江苏，有15%来自浙江，来自上海和北京的各占8%。而当前小学数学领域比较有影响力的教师吴正宪、黄爱华、华应龙、贲友林、张齐华、徐斌、俞正强、袁晓萍等都来自以上这些地区，江苏是名师辈出的一个省，其数据占比也是最多的。这说明了什么呢？我想一是我们这些名师这些年开始注重将自己的思考转化为成果，二是大家都意识到了写作是反向促进自我成长非常重要的手段。

我从未想过教育写作能给予我众多的荣誉与专业地位，但它却实实在在地给我带来了一些让人“羡慕”的东西。其中，最为珍贵的莫过于我对教育教学独特的思考视角和批判性思维，它伴随我的教育生活与工作，让我能用一些非常规的思考方式去看问题，在实践中尝试、辨析和验证，最后收获了我个人的专业高度。

当我写到此处，不知能否激发各位教师开始尝试动笔记录自己的教育人生，但是我可以十分负责任地告诉大家，写作真的能改变我们的教育人生，给我们提供一条更为宽广的道路，一个不受时间、空间约束，也不需要过多技术含量的平台，让我们有更多发展的样态。

陈永畅

目录 CONTENTS

第一章

为何写

——思想需要沉淀

法国思想家卢梭曾经说：“无论男女，我认为实际上只能划分为两类人：有思想的人和没有思想的人。”人只有具有了思想才有独特而又富有灵性的生命，因此思想就是人的发动机，它将启动人这个躯体逐步走向未来。

思想，一是对外界信息的加工，由外而内地思；一是以意识去影响外界，由内而外地想，两者结合方成思想。因此教育者的思想形成同样来源于两个方面：一方面是输入，即广量阅读；另一方面是写作，即适量输出。当我们逐渐找到两者的平衡点，让自己的所学、所思逐渐转化成思想需要时间和过程，但也恰恰是这个沉淀、提炼、表达的过程，使得我们的思想更深刻、广阔和具有前瞻性。

问题 1：专业表达的特殊方式是什么？

叶波教授在《中小学教师教育写作的困境与出路》一文中指出教育写作之于教师生活的意义：一是以符号化的方式实现教育经验生产；二是以结构化的方式赋予教师生活意义；三是以话语性的实践规约教育生活现实。我特别认同他的观点，教师的生命不仅仅在于课堂，更在于将课堂教学、儿童教育中的经验和智慧转化成具有价值的成果，也只有实现从经验型教学向智慧型和科研型教学的转变，我们的教育人生才能具有智慧的色彩，而不是让人觉得我们的教师岗位人人皆可为，弱化了我们教师的专业性，我认为教育写作就是我们专业表达的一种特殊方式。

教学经验需要专业表达

在我们教师群体中有这么一群人，他们教学质量非常高，而且有许多独特的教学经验，但他们还只是停留在自己的默默耕耘中，并未有更多的成果或影响。由此，我们也只能称他们是“经验丰富”的教师，他们较少能肩负带徒弟、做示范的重任，因为他们只有经验，却不知道如何将经验提炼出来传授于人。

此外，我们一线教师还有一种观念，总是认为我们平时教学中的“经验”摆不上台面，理论研究是专家或高校教授的事，不是我们应该触及的。实际上恰恰相反，作为一线教师，我们更需要这些“草根式经验”，这些能在操作层面上帮助我们解决问题的经验，也是教师专业能力快速提升的重要养分之一，而专家或高校教授的理论有些还缺乏实践的检验。因此我们一线教师的经验需要通过专业的表达方式，使得它能起到影响和辐射的作用。例如，我们有的教师特别关注学生的书写格式，在其教学过程中学生的书写、答题格式、竖式计算使用尺子等都是严格要求的，因此学生也养成了很好的常规习惯；还有的教师关注到草稿纸的使用规范——如何分区域，在检查验算时如何使用草稿纸，等等。这些常规习惯对提升学生学习品质确实具有一定的影响作用。那么，如此珍贵的一线经验如果能通过研究和数据的对比转化为教育写作，用专业的表达方式呈现出来，它将能帮助到更多的人。

如此看来，一线的教学经验是十分宝贵的，它需要找到专业的表达方式，而教育写作则是较合适我们一线教师的。记得新一轮课程改革初期，也就是2011年版课程标准颁布之时，小学数学情境创设备受关注，因此当时的很多公开课都浓墨重彩地渲染情境，但是在参加一次教研活动中我用逆向的思维思考问题，以《“猜”进了陷阱——以“抛硬币”一课为例谈我们的教学偏轨行为》为题，讲述了自己对情境在教学中的认识问题，这一想法一下子就得到了编辑和教师们的认可，这正是专业表达的魅力所在了。

教学反思需要专业表达

顾名思义，所谓教学反思，是指教师对教育教学实践的再认识、再思考，并以此来总结经验教训，进一步提高教育教学水平。叶澜教授曾提出：写一辈子教案可能成不了名师，但是坚持写三年教学反思可能会成为名师。对此，我是深信不疑的，也是这么坚持下来的，因为我始终认为教学反思是教师提高个人业务水平的一种有效手段，我们也能从自己的教育实践中来反观自己的得失，通过教育案例、教育故事，或教育心得等来反思自己的教育教学工作。

新课程改革后，教师们越来越重视反思，但是教师间的反思效果却大相径庭，其最主要的原因在于没有准确把握反思什么和如何反思，缺乏个人独立的思考。我们的反思要抓住精彩之处深入挖掘，盯着失意之处寻根问底，更要在捕捉争议之处碰撞思维。只有这样具有意义的深度反思，才能真正地促进我们的思考和学习，也只有用专业的表达——教育写作记录我们的思考，才能营造一个研讨场，让大家能在一个文本当中去发现、辨析和启发。

其实，我们的反思切入点有许多，如课堂精彩片段、设计败笔教训、灵感顿悟、得意之处、失意之处、争议之处、常态想象、反常想象，教材解读的独特启发、课堂教学的意外生成、教研活动的深度思考、课程理念的全面解读。但是如果不记录，不将其转化为文字，这些灵感便会稍纵即逝，无法让他人有所启发和吸收运用。而且，给予这些文字赋予专业的光环，它便具有了灵动的生命，能滋养师者的灵魂，提升师者的思想。

教育科研需要专业表达

不知从什么时候起，教育科研成为一线教师口中的热词；但在现实中，它却依然离我们一线教师的教育教学生活比较远。要改变教师用研究的眼光审视教育教学还是比较难的，因此我们大部分教师已经习惯了如老黄牛般默默耕耘，不问得失，更不去总结对错。这可能就是很多学校的教育教学工作一直处于“低位”运作的原因之一。确实，如果一个学校缺少了专业的表达，那么也就没有了对知识的主导权和支配权，仅仅只是知识的复制。

我在与一些具有丰富教育教学经验的教师交流时，发现他们做了很多教育教学的尝试或创新，并且在教育教学实验中也取得了一定的成效，但是他们很少去立项研究课题，也基本没有将自己的经验转化为成果写成文字发表。我深入了解后才发现，一是教师们不知道怎么去提炼日常所做的事情；二是教师们没有研究的意识，做的事情就是平常工作所悟，并未与理论层面对接。这会不会是有的教师遇到的困惑呢？那我们怎么解决这一问题呢？提升我们自己的教育写作能力，也就能不断地提升自己的提炼能力，从而才能凝练出问题、课题和研究成果；而教育写作就是教育科研专业表达的“中介”，我们可以在平常的写作训练中提升自己的思维方式、思考角度和问题意识，从而提高自己的研究能力。

如果我们的教育生活要走向更加专业，那么专业的表达则是必不可少的专业技能，也是我们将自己宝贵的专业经验转化为成果的路径之一。因此，专业表达是我们教育生活的重要的组成部分。

问题 2：如何实现独立思想的过程积淀？

独立的思想是人最为宝贵的品质，然而随着世事发展、社会进步，当我们“跳”进社会这个大熔炉后，慢慢地就会变得没有了自我，也就逐渐地将自己独立思考问题的习惯收了起来，这样的例子在我们的社会上屡见不鲜。在我们教师队伍中，很多教师在自己的职业生涯中走向了两个极端：一部分教师很容易变得随波逐流，没有了自己的风格，更磨灭了曾经的锋芒；另一小部分教师则带有偏激思想，对各种事情都将利己的一面体现得淋漓尽致。但实际上，拥有独立的思想会让我们“与众不同”，也能造就我们面对问题会有不一样的思考习惯，从而让自己始终保持“清醒”。如此一来，我们又该如何实现独立思想的过程性积淀呢？教育写作是路径之一，教育写作本身就是记录事件、产生思考的媒介，更有对事实的反刍、审视和判断的过程，这些都是非常可贵的积淀过程。

多问几个为什么——刨根问底是独立思想的源头

想，稍纵即逝；写，方能烙下成长的印记，为我们提供长远思考和研究的基础。因此看问题一定要深入，要多问自己几个为什么，带着刨根问底的治学精神看问题和想问题。如笔者曾在研究北师大版小学数学三年级上册“需要多少钱（两位数乘一位数口算）”（如图 1-1）一课时，发现了《义务教育数学课程标准（2011 年版）》颁布后的教材有了改变，在这一课中，加入了点子图和列表计算，因此笔者首先反问了自己下面几个问题：

为什么新教材要将点子图和列表计算这两个直观的方法引入教材中，其意图是什么？

点子图在这里如何用得更好，如何才能体现出其价值？

列表计算和点子图间是否存在联系，教学过程中需要进行链接吗？

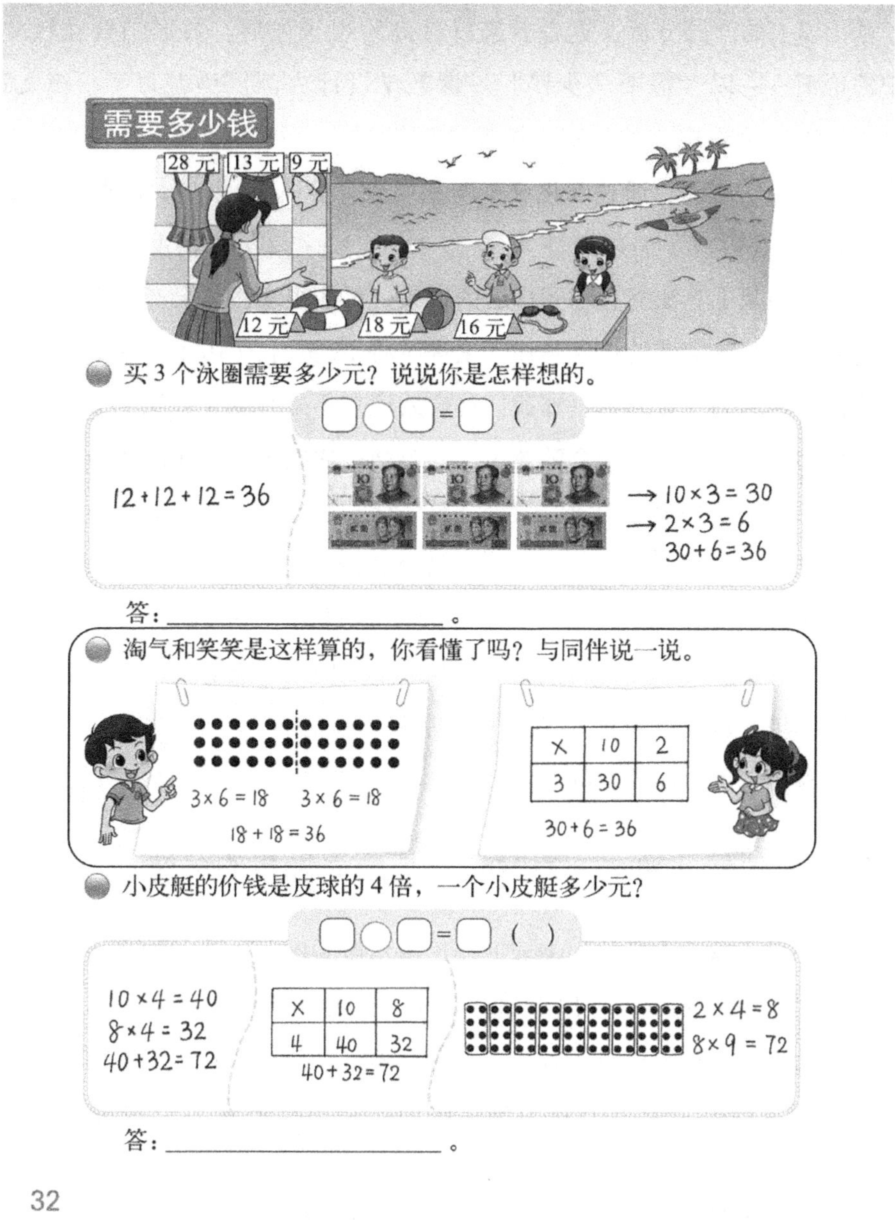

需要多少钱

买3个泳圈需要多少元？说说你是怎样想的。

□○□=□（　）

12+12+12=36

→10×3=30
→2×3=6
30+6=36

答：＿＿＿＿＿＿＿＿。

淘气和笑笑是这样算的，你看懂了吗？与同伴说一说。

3×6=18　3×6=18
18+18=36

×	10	2
3	30	6

30+6=36

小皮艇的价钱是皮球的4倍，一个小皮艇多少元？

□○□=□（　）

10×4=40
8×4=32
40+32=72

×	10	8
4	40	32

40+32=72

2×4=8
8×9=72

答：＿＿＿＿＿＿＿＿。

32

图1-1　北师大版小学数学三年上册“需要多少钱（两位数乘一位数口算）”图

如何利用点子图和列表计算解读活动一的几种算法呢？

基于以上的问题分析，笔者后来以《高阶思维发展：数形结合在数的运算中的价值——以“需要多少钱”一课教学设计为例》为题写了一篇文章。将培养学生高阶思维为切入点，按照“问题导入—算法呈现—算理链接—算法优化”的教学思路，通过细化点子图和列表计算的处理，引导学生将12拆分为6和6，还拆成了7和5、8和4、9和3、10和2等，借助这个几何直观解读算法，架起了算法与算理间沟通的桥梁。可能很多教师会产生怀疑，有必要这么处理吗？这节课的重点是让学生理解将12拆分为10和2分别乘3，也就是我们所强调的位置原则。那我们这样处理是不是有点儿多此一举？笔者则不这么认为，学习应该是一个整体，是一个结构化的过程，我们要做的是用好每个素材，利用其为学生的思维发展和整体认知服务，这里我们让学生深刻地体验到了“转化”思想，12×3不仅可以转化为6×3+6×3，还可以转化为7×3+5×3、8×3+4×3、9×3+3×3、10×3+2×3等，通过这一系列的辨析，学生对于将两位数乘一位数转化为一位数乘一位数的本质内涵，就有不同的视角了。这种独立的思想不是凭空而来的，而是长期多问自己为什么而产生的，也是笔者长期坚持写作、反思而促发的。

换个视角看问题——适时转身是独立思想的关键

独立思想还体现在换位思考或变换思考角度看问题上，假如身边的人都沉浸于某种“潮流”或陷入某种“陷阱”中，这时如果我们能发出不一样的声音，引发教师们深思，促进教师能更加全面地审视热点，从而形成更理智、更独立的自我审辩能力是尤为重要的。例如前面提到的笔者曾写过一篇文章《“猜”进了陷阱——以“抛硬币”一课为例谈我们的教学偏轨行为》，写作的背景是在《义务教育数学课程标准（2011年版）》颁布不久，其中学习情境的创设是许多一线教师极为关注的。又恰逢笔者参加了一节区里展示课的辩课活动，“抛硬币—可能性”一课的执教者对教材的解读非常深入，对教学改革热点也十分熟悉。因此他创设了足球赛选场地时用抛硬币决定的情境，为了更有现场体验感，教师组织学生当场展开了抛硬币实验。教师抛一次硬币让学生猜是正面还是反面，重复了几次，这时课堂的气氛非常活跃，学生学习积极性也非常高。第二个活动是摸球游戏，教师在袋子中装有白球和黄球，摸出其中一个后让学生猜一猜是白球还是黄球，这样的操作也同样重复了好几次。这两个活动的设计教师重在以现实情境和有趣的活动激发学生的学习热情和积极性，也契合了当时很多“专家”的言论。因此在辩课环节，大多数教师都认为具有情境创设生动有趣、学生学习参与度高等优点，此时笔者提出了一个观点：过多的“猜”会不会淡化了数学知识的本质内涵？是的，虽然讲课时课堂氛围非常热烈，但是“可能性”一课是要让学生通过实验体验事件发生的偶然性和必然性等，学生在学习过程中很容易把“运气”与事件发生的概率混为一谈，那么这些过多“猜”就会让学生再次淡化了留意事件发生的可能性，把关注点都放在了“猜”的游戏中而不是数学知识的本质上了。那么这样的“热闹”还可取吗？这一问题的提出，点燃了辩课教师的思绪，引发了大家围绕新课标时代“我们需要什么样的数学课堂”展开的辩论。由此可见，独特的观点是多么的珍贵，当大家都在人云亦云时，如果我们换个视角看问题，那么产生的效果更加巨大，产生的影响更加深远。

笔者将这些点滴的思考或心得都一一记录了下来，并形成了一些可发表的小文章，这就是自己独立思想逐步积淀的过程，这时我们要一边回忆事实、一边整理和对接理论，还要一边梳理成自己独特的思考或文字输出，这些都是非常可贵的活动过程，是我们从事实到思想的内化过程。因此，写作是一次次复盘、深思和提炼的活动，是我们思想逐步深邃、成熟和独立的体现。

问题3：如何理解“教育科研的关键输出”？

教育科研已经越来越受一线教师重视，因此每到各级各类的课题申报时间，我们常常可以看到竞争日益激烈，在笔者所在的深圳市，每年立项的市级规划课题不足500项，但是申报的总数有近3000项，立项率不到20%。申报如此激烈，而且立项后要结题标准也不低，一般都是需要在公开发行刊物上发表相关成果论文才能提出结题申请，这其实就是成果的输出，这对于部分教师来说是有一定的难度的。当然，如果作为一项研究，我们应该把成果的发表看成是一项常规的步骤，成果不仅是需要被认可、被验证、被推广，还需要真正地服务于教育教学。

在输出中被人所认可

一般情况下，我们的研究都是在小区域内展开的，但为了更好地提炼成果，我们必须从研究的路径规划、内容制定、方法选择、成果预设等入手，从而实施真研究、促发真思考、提炼真成果。那么怎样才能使得我们的科研成果被普遍知晓、认可呢？途径之一就是成果输出，也就是文字表达或者发表，因此教育写作是我们作为一线教师对外表达自我、推销自我的重要途径。例如笔者曾主持过一个“基于绘本的小学低段数学教学内容创生研究”的市级规划课题，在研究过程中，我们搭建了绘本课程框架，通过数学绘本知识点梳理、数学课堂教学、家长导读手册编制、学生数学绘本教材编写、学生绘本绘制与创造等要点着手展开研究，形成了数学绘本与数学常规教学融合的新路径。那么，我们这样的一些研究成果如何给予他人启发呢？后来，笔者带领团队编写了《给数学教学添一道“味”——基于绘本的小学低段数学教学内容创生研究》专著，从为什么展开数学绘本与数学课堂融合的研究，如何展开数学绘本与数学课堂融合的研究，到数学绘本与数学课堂融合研究取得了哪些成果，在数与代数、图形与几何、统计与概率和综合实践有哪些案例等几个方面，梳理了研究的成果。出版后也给很多做绘本研究或有兴趣开展绘本研究的教师带来了不少启发，这一过程就是我们对自己成果的梳理、提炼与输出；但是如果我们对此没有形成文字，那么用什么样的方式让同行接受我们的研究和思考呢？文字输出应该是最直接和快捷的方法了。

在输出中形成新链接

将研究成果或者独特思考转化成铅字，进而变成文章，形成了教育科研成果。然而这个科研成果是否适合当前大部分人的认知，或者适合在实践中推广呢？有了一定理论基础的成果，便可以通过文献综述、对比研究等，逐步地检验它。更重要的是它会在知网中落下烙印，当我们在搜索过程中就能看到更多相近的成果，让它们之间有了链接，将我们自己的成果与更多专家的成果放在一起，其中有关联的观点，也会有相异的思考，那么将拓宽我们的视野，再用联系的眼光去审视、优化自己的成果，在辨析的过程中，逐渐地、越来越好地变成自己的成果。很多人都认为教学成果奖是“一天”炼成的。其实不然，我所看到的很多获得高层次奖励的教学成果奖，基本上都经历了从无到有、从小到大、从点到面等过程，而且这个研究过程是一点点递进的，这些课题都是有关联的，当把这些微小的成果汇聚在一起就变成了“大概念”，变成了自己的大成果了。这都是在一次次的输出中，被检验、被推广、被联系中形成了更大的落脚点，产生了新的研究思路，优化了新的研究策略。如果没有一份份文稿的输出，我们的专家也并不能给我们更好的方向指引，也不能更好地帮助我们去提炼和完善我们的成果。记得我当时研究教材内容动态化的课题，就是从一篇文章到一个课题的发展过程，而且我也打算将它变成我终身研究的一个切入点，特别是对教材解读的切入点。希望不久的将来，我能将这个研究变成我的一个标签，形成我的教育理念、教学主张和教学风格。如果没有将其输出，就很难与很多关键的人、事和文章产生链接，看到更宽广的研究视角和研究切入点。

在输出中找到大概念

我们很多人的研究很难形成一个体系，但是江浙一带名师却非常注重自己教学主张的凝练，并逐渐地形成一个体系，例如徐斌老师的“无痕教育”、贲友林老师的“学为中心”、华应龙老师的“融错教育”等。教学体系是我们一线教师教育科研输出的最高级成果，它是需要大量输出、总结和提炼的。但反观这一过程，我们不难发现其中有一定的规律，这些名师一开始关注的都在如何上课方面，后来逐渐地开始关注教育写作，将这些智慧一点点输出，最后形成了自己的大概念。也就是说他们本身一开始并没有属于自己的大概念，而是在不断地实践和反思中逐步建立起来的。输出最大的作用在于我们要将自己在这一领域的研究展开梳理、提炼，也就是我们需要实践后，再反过来复盘，从得与失中看到其中的价值，在遴选中留下好的东西，一点点累积便成了大的课题和大的概念。

输出是我们教育科研成果形成的重要手段，如果想要输出具有价值的文本，教育写作则是极为重要的一个表征方式，一个真正能促进自我反思、内化和提炼的技能。因此，我们不妨给自己一个定位，倒逼自己提升教育写作的能力，让成果被推广，形成辐射群。

问题4：如何追寻职业发展的另类路径？

当前教育工作的要求、难度都已越来越高，由此，在繁忙的工作环节中教师对教育事业的追求欲望越来越低，那么我们如何追寻自己在教育路上的专业幸福呢？找到属于自己的职业发展路径是至关重要的，而教育写作可能是我们一条较为开放、不受任何约束的发展路径，是我们独树一帜、另辟蹊径的选择。

一个不受时空影响的发展平台

职业发展的道路有千万条，我们可以通过课堂比赛、说课比赛、模拟上课比赛以及近几年比较热门的教学技能大赛等来实现。此外，除了比赛还有深度参与教研活动、工作室跟岗学习活动等也一样可以实现专业提升；但这些平台基本上都会受到时间或空间的约束和限制，而且机会比较少，每次比赛能在区级、市级脱颖而出的教师能有多少呢？可能也就那么几个，而且经过了这样的比赛后，如果自己没有再继续追寻适合自己的发展路径，继续深耕与挖掘，可能也就只能原地踏步不动。在我们身边也不乏这样的例子，获得过省级大赛奖项的教师也不少，但是最后能突破瓶颈成为教师中的佼佼者又能有多少呢？渐渐又埋没于教师人海中的也不在少数。为什么会这样呢？笔者觉得最主要的原因有三个：其一是比赛成果大部分都是团队的智慧结晶，并不是自己的独立思想；其二是教育教学是动态发展的，如果不能保持向上汲取、向下扎根的精神去研究和思考，就无法适应教育发展和学生学习需求；其三，我们自己缺乏独立思考的习惯与能力，始终难以走得更远。

教育写作是一条自由、与众不同，而且具有一定深度的发展路径，从输入到输出的发展，就是人的思想的形成和凝练的过程，更是自我知识建构与发散的一个过程，也是知识的再加工、思想的再凝练的一个过程。就我自己而言，虽然近些年培养或参与培养的不少教师在省级、市级和区级的各类比赛中斩获佳绩，但是我并未能站上最高的赛课现场，也未经历非常“艰辛”的备赛过程。我的成果与教学中的一些独到见解能受到广大教师的认可，都离不开我良好的教育生活习惯——教育写作。写作的过程使我对教育教学的认识不断地升华、内化，也让自己具备了一种独特的思考视角，还常常能用批判性精神去审视问题和现象，并且让自己始终保持清醒和敏感。可见这样的专业发展路径确实与众不同，有“另类”之嫌，但是通过教育写作成为有思想、有深度的教师已经越来越多，因为它自由、开放。文字的发表能给我们教师带来巨大的鼓励和力量，记得我 2009 年在河南教育出版社《教育时报》上发表第一篇豆腐块文章，虽是只有不到 800 字的文章，但自己教育生活的幸福感却油然而生，自己的思考得以认可的那一瞬间有种莫名的自豪感。也正是这一篇文章的发表，让我找到了自己职业发展的路径。从此，教育写作便成了我教育生活的一部分，成为我教育思考的一种记录方式。

一条自觉生长的发展路径

我们的专业发展和职业生活，最重要的还是自己的感受和理想的实现，也就是说我们要清楚自己追求的是什么。在这喧嚣的世界里，快节奏的工作生活，让人在平衡生活与事业时，总会给自己找一些合理的借口，这也是情有可原的。如果说比赛、研修等是一条靠外力助推的生长路径，那么教育写作更像是一条自觉生长的路径。它不受时间、空间等限制和干扰，要真正地坚持下来，自觉性将会起到主导作用。没有了监督和催促，更没有了检测与反馈，如何将事情做好、做到极致，“自己”便是关键。

比赛、研训等类似“快餐”，其效果短时间便能看到，例如参加一个比赛，通过努力你便可能拿到佳绩，你在这个比赛中便能受到认可了。教育写作恰恰相反，它不会立竿见影，需要静下来、沉住气，深耕、细磨，逐渐地出思想、出成果。但在浮躁、享受“快餐”式生活和工作方式的社会里，真正地要静待花开，那种折磨确实让人难以接受。因此，最后选择了走上“狭小”的比赛道路，或者放任自我的不在少数。其实，2006 年工作后我一直坚持写教学反思，也给各个报刊投去了不少文章，但基本都是石沉大海，如果我当时耐不住寂寞，放弃了自己制定的发展路径，我便会沦为平庸之辈。直到 2009 年，三年的坚守才让人深刻体会到了什么是厚积薄发，什么又是峰回路转，从此文章的发表于我便不再是难事，每年三五篇文章见于报刊已成常态。

由此，教育写作不仅需要有高度的自觉性，还需要能耐得住寂寞，这个过程“孤军奋战”会是常态，自由生长则是样态；反过来，教育写作则不断地激活我们的生命自觉、教育自觉，形成了习惯，变成了技能，炼成了思想，从而我们对教育教学的认识不再肤浅、不再单一，而是整体、全面和深刻的。

我们教师通往成功的路径万万条，教育写作为其中之一，这一路径的最大优势在于不受外界过多影响，便能形成自我认识，能保留自我思考，能延伸自我观念，从而真正地走上深刻、独特、另类的专业发展路径。

第二章

写什么

——素材需要挖掘

很多教师在教育写作中感到迷茫，主要表现在无话可说、无料可用，也就是没有写作的素材。但实际上我们在教育教学现场中，写作素材并不匮乏，而是缺少了以独特的视角和深度去观察问题、分析问题的能力。因此，我把这个称为“加工”，当然这不是无中生有，而是利用高理论、深实践的观点，将我们的教育教学现象深度化和高度化。

那么写什么呢？什么是值得我们写的呢？我觉得写作素材来源有很多：精彩片段、败笔教训、灵感顿悟、得意之处、失意之处、争议之处、常态现象、反常现象，还可能是来自我们日常的教材研读、课堂生成、教学对话、教研活动和教材解读等。这些真实的教育教学现场有很多教育的智慧，我们更应该通过这些教育教学现象看到理论的背后，形成更为科学的教育策略和教育智慧。

问题 5：如何记录课堂教学意外的生成？

教学中课堂的意外生成很常见，我们每天都在经历着教育教学发生的种种趣事或突发状况，但大多因为我们的敏感意识不够、记录意识不强、反思意识不足而“胎死腹中”，从而这些良好的素材便流失在记忆中慢慢被淡忘了。此外，有了这些素材，我们又该如何让它变成典型的案例，成为教育者能深入反思和探讨的媒介，使得这些意外生成的价值最大化，是值得我们思考的。

课堂本就是一个平等对话的场所，是师生相互促进的地方，也是智慧生成的区域，因此我们必须得打起十二分认真劲对待每一个生成。一个巧妙的处理，带给学生的可能是意想不到的帮助与成长，也可能会使得我们的后辈们少走弯路，真正地认识到教育的真谛。

例如笔者曾执教小学数学三年级上册“两位数乘两位数”复习课，带领学生开展练习时，曾遇到有学生对比较 30×30 和 31×29 两个式子计算结果大小时，提出了独特的思考：

发现了这样的规律，即第一个式子是两个相同的数相乘，第二个式子的数是比第一个式子的数少 1 或多 1，而最后的结果总是第一个式子比第二个式子多 1。

面对这样的生成，我们该如何处理记录这个课堂发生的故事？怎样把握本质还原课堂现场？如何反思这个意外惊喜带来的反应？等等。这些都可以成为我们写作的切入点，也是可以带给我们读者思考的。但如果要让教师这个角色的读者有更深刻的认识，我觉得我们要把握下面几点。

站在教师读者的角度看问题

通过现象看本质是写作的关键。那么对于教师来说这个案例最重要的收获是什么？带给他们触动最大的又是什么？笔者觉得首先应该是数学的本质，教师要看清学生生成的这个问题的本质是什么？其实这个学生提出这个想法，实际上是一个平方差公式，即：$a^2-1=(a+1)(a-1)$。那么，我们的写作中一定要给教师讲明这个本质，让教师有一个整体教学的观念，而且让教师们能知道教学中我们不能仅以小学数学知识去思考小学数学教学，这也恰恰应验了教师需要拥有一桶水才能教育学生拥有一杯水的道理。也就是说，我们的教师在教学过程中一定要拥有大视野、大观念，而不是就题论题、照本宣科。同样，我们的教师需要有“再造”的智慧，我们不能直接告诉学生这个问题就是平方差公式，那么我们该如何处理呢？这就需要用到我们的教学智慧，我们不能直接告诉学生这个结果，而要营造环境让学生能去体验、感悟和理解。因此，我们的生成记录首先要想明白的就是通过这个案例，让教师读者能有什么样的启发与思考。

保留课堂的本真，更要突出自我的独特见解

这个课堂生成是学生主体地位体现的典型案例，因此教师在课堂中处理的方式或许非常有意思，且是值得被借鉴的，但我们很多教师往往在记录精彩瞬间时就把它变成了课堂实录，没有了执教者自己的独立思考与感悟。而笔者意识到教育写作重要的是自己要在场，要让教师读者看到自己课堂中处理方式背后的智慧。后来笔者以《节外生枝也精彩——“30×30>31×29”的教学的启示》为题，不仅将这个教学片段重现在文稿中，更重要的是把自己对这个处理方式的思考和初衷给予点明。在文中我肯定了学生提出的思考，并激发学生举例说明，再让学生们一起分组探究与验证，发现其中的奥秘，这个过程中我把课堂还给了学生，让学生在生疑、质疑和解疑中一步步地逼近真理。关键的是，学生所有发生的一切都在教师的掌控、预设和深挖的“井”中。将课堂本真的一面呈现给读者的同时，又把每一个环节的设计意图和独特思考传递给读者，这才是素材最好的呈现方式。

由此可见，课堂生成的素材固然重要，更重要的是需要找到合适的切入点，将其更好地呈现给读者，这样的“微加工”既是对素材的尊重，也是将其变成了一种“智慧”传递下去。这就需要我们每位教师始终保持敏感，关注课堂上发生的一切，可能是一个学生奇异的想法，可能是一种独特的解题方法，也可能是一次争议的辩论，还可能是一个不起眼的错误，都可能成为我们师生间非常珍贵的对话时机，或成为我们师生思维碰撞的良机。那么关于课堂的生成我们怎么记录呢？笔者觉得有几种方式是我们值得推崇的。其一，将这个课堂生成用故事的形式记录下来，例如我们与学生发生的一些教育类的事件，或是课堂上发生的有趣的事件；其二，我们可以还原课堂的现场，让读者能身临其境感受现场发生的一切，从而引发读者的共鸣与思考；其三，可以把它变成一个案例，一边陈述一边论述，一边记录现场发生的事件，一边抛出自己对事件的看法和思考，夹叙夹议地展开；其四，将其提炼并变成论文中的一个论据，围绕核心论点展开论述。这些文章或长或短，关键在于突出观点，把事件简单地记录或还原，让读者能有不一样的感受，得到不一样的启发。

【例文】

节外生枝也精彩

——“30×30>31×29”的教学的启示

深圳市宝安区西湾小学　陈永畅

课堂教学是一个师生双向互动的变化过程，课堂更应该是一个师生平等交流的平台，而学生的一个表情、一句话、一次质疑或许都能让课堂精彩纷呈，让学生的学习更有效。

下面，我讲的是课堂中发生的一幕，虽然是一个简单的算式，却蕴含着一个不被人重视的重要规律，可见我们的生活处处有数学，处处有规律，缺少的只是发现。

两位数乘两位数是北师大版三年级下册第三单元内容，练习题中有比较式子结果大小题目：30×30　31×29。

师：同学们，你们是怎么想的？

生1：老师，因为30×30=900，31×29=899，所以30×30>31×29。

一道简单的算式，笔者本想到这里就结束了，想继续讲另外的练习，但是此时却有学生提出了另外的想法。

生2：老师，我还发现了一个规律，第一个式子是两个相同的数相乘，第二个式子的数是比第一个式子的数少1或多1，最后的结果总是第一个式子比第二个式子多1。

他的讲述有些抽象，有些孩子还没能明白他表达的意思，于是笔者引导他。

师：是吗？这个规律成立吗？你能列举一些这样的式子吗？

生：比如像20×20与21×19、40×40与41×39、50×50与51×49……这样的算式。

这样的意外生成并不在笔者的课堂教学预设范围，此间笔者还未能确定这种发现是否成立，但它却是个值得让孩子们去探究和思考素材。于是笔者利用他的发现也让学生们带着问题一起练习两位数乘两位数，从而一个带有目的却又不枯燥的练习在无形中进行，何乐而不为呢？

师：是吗？你真了不起，能用思考的眼光审视问题，那同学们你们想知道他的发现是不是正确的啊？

生：想。

师：那还愣着做什么，行动起来，我们一起来验证吧。

（老师在黑板上写出几个具有这样特征的算式，学生动手计算）

生1：老师真的都是这样哦。我计算了20×20=400，19×21=399。

生2：30×30＝900，29×31＝899。

生3：60×60＝3600，59×61＝3599。

…………

师：看起来，刚刚你们验算的结果都像他所说的。但是能具有普遍性吗？

（学生思考）

师：是否可以从乘法的意义思考呢？

生1：30×30可表示为求30个30的和，31×29可表示为求31个29的和或者是29个31的和。

但学生还有些疑惑，此时笔者点拨。

师：式子31×29能表示成30×29+29吗？

生2：可以，表示30个29再加1个29，也就是31个29。

生3：老师，老师，我发现了，30×29+29也就表示为29个30的和再加29，所以比30个30的结果少“1”。（学生表现出发现规律后的无比兴奋）

生4：41×39也可看成是39个40的和再加39，所以也是比40×40少1。

…………

师：你们能从乘法算式表示的意义去思考，真了不起！看来一道小小的题目都能隐藏着重要的规律。所以我们以后要学会用质疑的眼光去分析、思考。

（学生也恍然大悟）

课堂永远是一个具有变数的场所，无论你的预设是多么的完美，教学设计多么的引人入胜，都不妨多回头看看，俯下身子认真地倾听学生们的心声，适时地抓住课堂生成的资源，让学生在思想碰撞中相互教育，让学生在交流中相互欣赏，让学生在情境体验中相互促进。

“送给学生一个信任，学生会还你一个奇迹。”学生的潜力是无限的，学生的想象力也是不可泯灭的，尊重学生、尊重生成、尊重课堂的原生态，让我们一起分享大家的智慧。

问题6：如何总结教研活动擦出的火花？

教研活动是我们专业成长非常关键的平台，因此教研活动的开发质量至关重要；而个人是否主动参与，也是非常重要的。换句话说，如果我们是带着自己的问题参与教研活动的话，我们把问题在这个活动中与大家碰撞，从分析、争辩和妥协中去寻找答案，在这样的研讨中一定能有所收获的。那么，我们应该把每一次参加教研活动都当成自己专业提升的机会，在每一次活动中解决一个小问题、小疑惑，突破自己的一个短板，可能是加深了自己对教材的理解，深化了自己对教材的解读，提升了自己课堂组织能力，完善了自己的课堂语言表达，等等。有了这样的一些小目标，我们便能逐步地给自己搭起一个台阶，拾级而上，逐步攀登高峰。

教研活动可分为很多类别，例如我们参加区级的课堂示范、主题讲座、比赛观摩或课标解读等活动，校级的课堂研讨、备赛研修、教材解读和读书分享等，甚至还有我们经常参加“同上一节课”“名思教研”等机构组织的高端研修培训等。我们又该如何从中得到启发呢？笔者觉得保持如下几个观察视角，有助于我们去总结学习心得。

聚焦问题走进教研活动

我们教师参加教研活动，一般都有从众的心理，对于自己为什么要参加这样的活动，没有一个非常明确的思考。因此基本上都是“打水漂”似的参与，没有深度地介入研讨，这是教师们在教研活动中收获不多的原因之一。被动参与、没有目标是教研活动的大忌，很难让教师在教研活动中产生作用，那么我们的教研活动一定要让教师设法带着问题进来，让他们真正成为教研的主体。

例如笔者曾参加科组的一次备赛教研活动，我们的年轻教师要在区级比赛中现场执教北师大版数学三年级下册“什么是面积”一课，这是一节典型的概念课。我们数学课程可分为概念课、计算课、推理课等多种课型，但是我未能深入地思考每类课型其中的内涵，也未能把握每类课型的重点。因此在参与这次课的研讨时，笔者心中一直有一个疑问，那就是我们的数学概念课应怎么上？有了这样的问题再走进我们的教研活动时，笔者就有了目标，在参与活动的过程中，就能更有针对性地思考教学的设计。特别是执教教师在概念课中概念的引入、概念的形成和概念的发展三个环节缺乏系统的思考，在每个环节都是均衡用力，三个环节的设计没有主次之分时，笔者的疑问便更加凸显：“概念的引入、形成和发展在每一节课都是一样重要的吗？”答案当然是否定的，那么我们该如何更好地设计这个教学环节，在每个环节中又该如何“用力”就成为研讨的重点。这就为我们这次研讨活动拓展到了概念课怎么上的高度去看问题，不再只是就课论课，让教师有了大视野、大观念去思考我们的整体教材，从而架构起系统的、整体的知识体系和教学观念。由此可见，问题永远是我们打开思考大门的一把钥匙，也是我们深入开展研讨的一个媒介。带着问题走进我们的教研活动，从问题出发，再到解决问题，这是一个十分完美的循环。

突出辨析走上教研活动

辨析是十分重要的品质，不人云亦云，更不随波逐流，是我们教师必备的品质。但现实是在我们的教研活动现场，流于形式、走过场，恰恰是最为常见的，观课时发现的都是无关紧要的问题，议课时不痛不痒地提几条建议，甚至连具有指导性的建议都没有，这也是很多教研活动的常态。反观这些现象，我们便可以发现问题出在我们的教师不仅没有批判的精神，也很少有换个视角看问题的习惯，或者说没有把质疑当成自己的教学生活的一部分，迷信专家、教材和教参，没有自己独立思考的一面。走上这样的教学之路其实是很危险的，因为我们教育面对的都是活的个体，是在不断变化的个体，是具有独立思想的个体，在任何时间、空间，我们都应该保持一种“清醒”，让自己变得更加“通透”，看到问题的本质，发现问题的本源。

同样是在准备“什么是面积”这一比赛课，学科组内每位教师对教材都有自己的看法，有些认为本课应该将重点放在概念的导入部分，有些认为概念教学的任何一个环节应该都是重点，有了分歧，就应该有辨析，因此在经过讨论和对学生的学情调研后发现，对于“面积”这一抽象的概念，引入可能并不是重点，重点在于让学生发现面积实际上是求这里面有多少个面积单位，也就是概念的形成过程。这也是教研活动的作用，从分散到集中，在辨析中达成统一认识。

侧重归纳走出教研活动

归纳总结是教研活动最关键的环节，一次成果的复盘，能提高我们自己对事件的认识和提升思考的层次。在“什么是面积”一课中我思考较多的就是“概念课”该怎么上。有了这次的教研活动基础，再结合我之前在参加“中位数和众数”“分数除以整数”两节课的教研思考后，我将概念教学分为三个阶段，即概念引入、形成和发展。将这三个案例分别融入支撑理论的每个观点中，最后形成了关于概念教学的文章，这一过程就是将教研活动中的一些思考归纳成为一个大论点或是大课题：概念课怎么上？然后再采用论据来展开论述。如果我们参加了教研活动，没有带走什么，或许我们参加这项活动的作用并不大，大部分教师都是如此，因此他们很难脱颖而出，但是如果我们保持归纳总结这样的教研活动的习惯，那么我们的思想将会更加深邃，创新意识会更加强烈。

教研活动是非常好的思想碰撞的平台，我们一定要做一个有心人，用辩证的思考方式、用联系的审视眼光、用科学的表达形式，将我们的思考转化为文字输出，这也是我们专业发展的又一高度。

【例文】

概念教学要有“轻”有“重”

深圳市宝安区西湾小学　陈永畅

概念教学是小学数学课堂中较为典型且让我们一线教师深感为难的课型，新课程改革后，我们常常看到教师为了体现学生的自主地位，由学生自己总结出概念花尽心思、绞尽脑汁设计教学活动，让概念一个字一个词地呈现来帮助学生理解；还时常见过将概念教学的引入、形成、发展三个阶段混为一谈，不分彼此，面面俱到，最后却面面不到，并且也不见得学生就真懂了、真理解了。因此对于概念教学不应仅拘泥于文字与文本，不同的概念有不同的侧重点，不能一概而论，要分彼此，下面我选取的例子希望能引起读者共鸣。

一、重引入，用认知落差辅助理解

好的开始是成功的一半，课亦如此，一个好的引入能激发学生的学习兴趣与动机，更能为好课奠定基础。有些概念通过文字或者练习便能理解透彻，但是为什么需要学习它，或者它与以前的知识有什么区别，这些则让学生捉摸不定无法得知。北师大版五年级数学下册“中位数与众数”一课便是这样的典型。学生能较快地理解中位数这一概念，也能从一组数中找到中位数，但对于为何要学习中位数，中位数与平均数有什么区别，则较难理解。因此笔者在此创设了这样的情境引入：

五（1）班两个同学五年上学期5个单元测试的平均成绩表

姓名	单元					平均分
	第一单元	第二单元	第三单元	第四单元	第五单元	
刘晋轩	95	86	89	88	87	89
叶争争	97	96	99	94	39	85

通过这个表你觉得他们两个谁的成绩比较好一些呢？

因为有了平均数知识的基础，可能很多孩子都觉得应该是刘晋轩成绩比较好一些，因为他的平均分更高一些；但是当每个单元分数出现时，面对有明显差异的数据，他们便会产生怀疑，还能用平均数来表示他们俩的水平吗？有了这样的认知冲突与落差，再引入中位数，理解便有了质的突变了。因此接下来的教学与练习便成顺水推舟之势，游刃而解。如此看来，概念的引入对于这样的课型则显得十分重要了。

二、重形成，用问题导引加深理解

小学生学习是以具体形象思维特征理解为主，因此面对一些枯燥的文字、抽象的概念，要真正地理解个中的含义是极为困难的，就算是懂得了字面的意义，但要真正理解其中的内涵也非易事。因此让学生有“事”可做，有“问”可想，通过一些问题，让学生自己亲身操作体验、思考讨论、分享总结，从而逐渐地、一步步地接近概念，让其在整个“过程”中去挖掘和理解概念的深邃，并逐步地形成了“概念”。

如北师大版三年级数学下册“什么是面积”一课，通过看一看、摸一摸、说一说等活动对这个生硬的概念有了初步理解，这时再让学生讨论周长与面积有什么区别，不仅让学生从一维空间到二维空间顺利过渡，还能加深对概念的理解。通过拼剪、摆硬币、摆方块、铺方格纸等方法来判断两个图形的大小，但是又该如何在这里引出利用“统一的单位”呢？这里，我们又可抛出这样的问题：“如果我在这个图形上摆的是硬币，另一个图形铺方格纸，这样能比较它们的大小吗？”这个问题一抛出，学生便意识到“统一单位”利用同样的工具来比较的重要性了，由此难点也就突破了，也为下节课“面积单位”奠定了基础。

这样的课型，如果我们在概念导入中浓墨重彩、形成中面面俱到、发展中添瓦加砖，我想最后对概念的理解是肤浅的。但是如果在必要的时候用问题让学生产生思考、思维冲突，这样才能真正地形成“概念”，并对其有深刻的理解。

三、重发展，用本质内涵升华理解

教学中我们常常把概念教学当成孤立的课，忽略了概念间错综复杂的联系，视其发展性特征而不见，于是学生的迁移思想也得不到很好的发展；而功利的教育时代里，成绩总是第一位的，于是计算教学，学生算法娴熟，但是对于算理却一无所知；概念烂记于心，却不知为何如此。

例如执教北师大版五年级数学下册“除数是整数的分数除法”一课时，学生对“除以一个整数（0除外），等于乘这个整数的倒数”这一概念理解不难，也能从很多类似的算式中发现运算的规律，做题时也能达到较好标准，知识与技能的目标也达到了。但我们是不是觉得还少了点儿什么呢？数学思考，这一新的目标，也就是重要的目标从何体现呢？学生的学习应该是灵动的、发展的，但是我们这样体现了吗？显然是没有的。因此到最后学生没有几个能知道为什么除以一个整数（0除外），要变成乘这个整数的倒数。唯有多让学生动手，把此课的重点放在用画图、分析图形的意义来帮助理解其中的内涵，才能让学生走得更远，也使学生能将这样的学习方式与思考方法迁移到“除数是分数的分数除法”及“分数应用题”等新知识。

这不仅是让学生学会学习的必经之路，更是开启学生思维之门的钥匙。因此这里的处理不仅能对概念的发展起到了突破和延伸的作用，而且能让学生更接近数学的本质。

当然，概念教学的各个阶段不是截然分开的，而是相辅相成、相得益彰的，只是要根据概念的本质属性有所侧重，让引入促进形成，形成后能得到更好的发展，发展中又形成了学生良好的数学思维。

问题 7：如何表达教材解读感悟的视角？

教材解读是我们一线教师最为基本的教学技能，也是教师开展教学过程设计和学习活动开发的重要依据，教材解读更能检验我们是否基于知识本质内涵和学生经验基础来展开教学。因此，它将决定着我们的课程学习的效果。那么我们如何将教材解读的一些不同的视角、点滴感悟呈现出来，给读者以启发、思考呢？我想记录一些选择不同的思考视角，从课标的要求反观我们教材所要呈现的内涵、用结构化的教学思维去审视教材等，都是非常好的表达方式，也是能促进我们教师深度思考，真正地成为 2022 年版新课标理念的践行者、学生高阶思维培养的设计者、独特教学思想形成的思考者。

换个视角，从关注知识到关注能力

我们有的一线教师比较迷信教材，但有时对教材内涵的把握又存在一定的困难，往往只看到知识本身，而忽略了知识背后的价值和意图。课程改革走到了今天，我们的教学只赋予学生知识是不够的，更重要的应该是带领学生经历知识的形成全过程，学会学习和研究的能力，帮助学生真正地学会在问题中，掌握解决的办法、策略和习惯。例如在执教三年级“两位数乘一位数”的练习课时有这样的一个题目（如图 2-1 所示）：

7. 算一算，比一比，你发现了什么？你能写出两组类似的题目吗？

12×6 ○ 16×2　　25×4 ○ 24×5

14×5 ○ 15×4　　16×5 ○ 15×6

图 2-1　北师大版小学数学三年级上册“两位数乘一位数”练习题

笔者在第一次教学中看到这个题目时，可能跟很多教师是一样的想法，那就是让学生通过计算后比较两个式子结果的大小，毕竟这也是放在“两位数乘一位数”计算教学单元中的习题，如此处理当然一点儿问题都没有。可是第二次执教本年级遇到的这个问题时，再仔细地阅读教材后发现这个题目的设计意图应该不会如此简单，仔细观察这个题目不难发现这是高中知识中的最值定理：当两个数的和相等，当它们的差越小，乘积反而越大。那么当我们发现了这些有价值的素材，写作的落脚点要落在哪里呢？笔者认为关注学生知识的获得，关注学生的能力的增长，也就是结果确实非常重要，但更重要的是要学生经历知识产生的过程，通过这个学习过程掌握了学习的方法、有了深度的思考，更有了审视问题不同的角度。因此我们以《小题而应大做》为题，从如何引导学生观察数据特征、发现数据规律入手，呈现课堂的设计，再通过学生分组计算与验证，进而归纳此类问题的一般规律。从另一个侧面，我们想表达的就是我们教师在教材解读时要多一个视角，要去挖掘其内涵本质，要真正地理解编者的意图，更要真正地站在学生思维发展的立场上来建构教学。由此，在这篇文章中，我选取了重现课堂生成，将如何组织教学和利用学生生成，并引领学生从非知识层面来理解“最值定理”，自始至终没有告诉学生这是最值定理，却又能时刻让学生围绕数据特征展开研究和讨论，从而得出规律、发现规律。此外，我们还经常会遇到这样的问题：“请用 2、4、6 这三个数字组成一个两位数乘一位数，使得它们的乘积最大。”这样的题目你是否似曾相识？是的，其实它跟我们上面这个题目是不是也一致，只是换了一种表征方式，变换一种考查方式呢？是不是觉得这个题目小题大做了呢？如果以这个作为我们写作的切入点是否也可行的呢？这就使我们对素材有了不一样的思考方式，更重要的是能给我们的读者有不同的启发，让我们都有了对教材内容保持“警惕”的态度。

换种思维，从孤立知识到整体关联

2022 年版新课程标准提出了大单元、结构化，但是在实际教学中我们的一线教师往往还保留着“各扫门前雪”的习惯，仅关注本年级的知识定位，很难用整体的思维去思考我们的教材内容，这就造成了我们的学生的知识网络都是点状的，不能形成一个网络状联系体。因此作为教师，我们应该换个不同的思考方式、换个不同的思维去看教材，这样的例子是十分珍贵的，是能给我们教师带来一些不同的启发的。例如关于北师大版数学四年级上册“乘法分配律”一课，很多教师都是停留在规律的探索本身，并未能真正地挖掘乘法分配律的本质，因此我们教完本课后，学生常常会遇到“厚此薄彼”“分配不均”等问题。那么，这样的素材我们又该从哪个视角来建构呢？

回到教材中，我们不难发现在教材的第四个的内容中，有隐含着乘法分配律与乘法的意义的链接，即从几个几的角度来建构乘法分配律，那么我们该如何处理这类问题呢？反观教材，再通过这个内容的提示，我们不难发现：其实乘法分配律并不是在四年级才学习，二年级的乘法口诀，三年级两位数乘一位数、两位数乘两位数等均涉及乘法分配律，帮助学生理解算理，只是当时没有告知学生此为乘法分配律而已。（如图 2-2 所示）

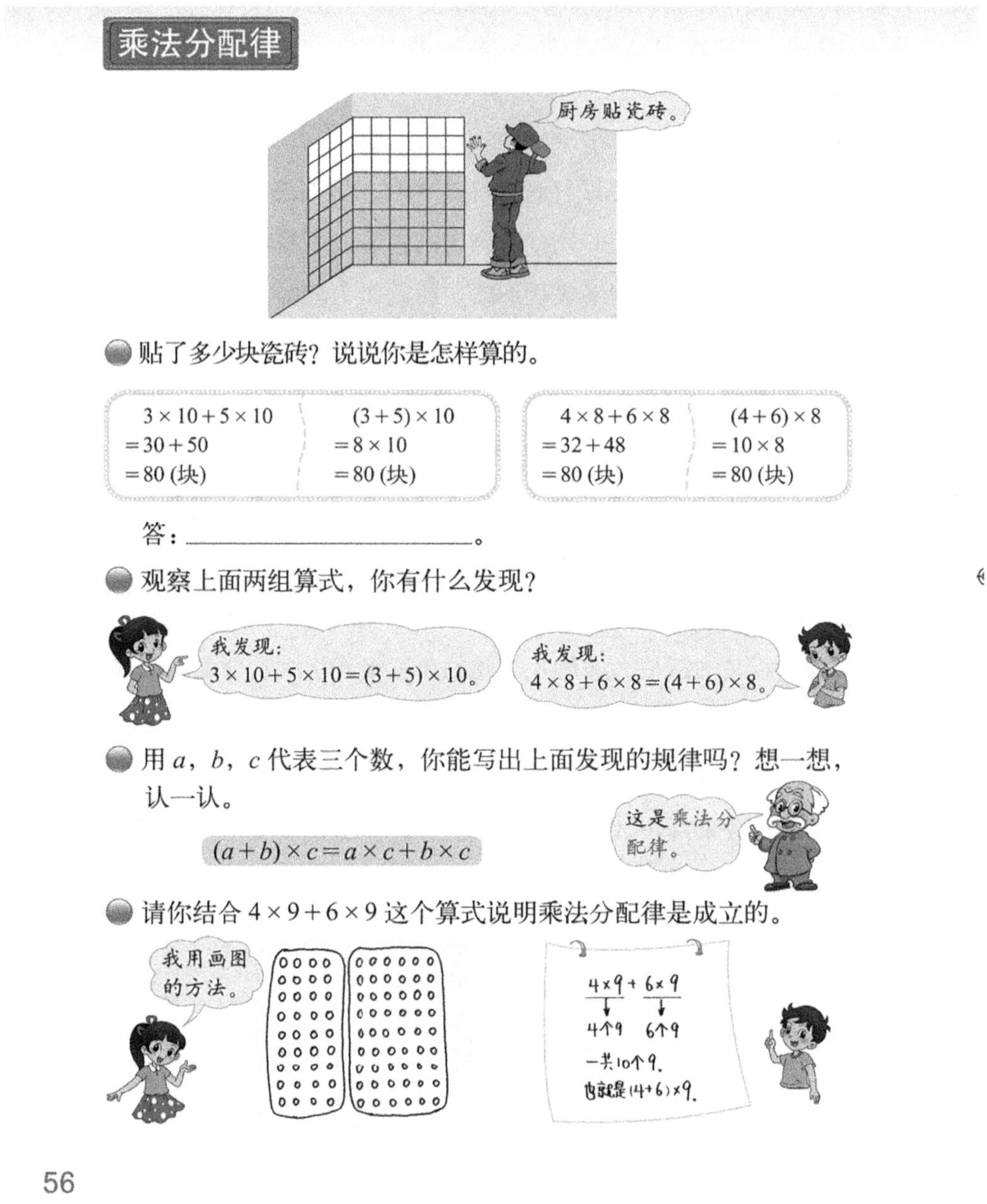

乘法分配律

贴了多少块瓷砖？说说你是怎样算的。

$3\times10+5\times10$ $=30+50$ $=80$(块)	$(3+5)\times10$ $=8\times10$ $=80$(块)	$4\times8+6\times8$ $=32+48$ $=80$(块)	$(4+6)\times8$ $=10\times8$ $=80$(块)

答：________________________。

观察上面两组算式，你有什么发现？

用 a，b，c 代表三个数，你能写出上面发现的规律吗？想一想，认一认。

$$(a+b)\times c=a\times c+b\times c$$

请你结合 $4\times9+6\times9$ 这个算式说明乘法分配律是成立的。

56

图 2-2　北师大版数学四年级上册“乘法分配律”教材图

由此，我们以《大单元视域下的小学数学结构化教学设计——以北师大版“乘法分配律”为例》为题撰写了一篇小论文，围绕结构化教学展开，通过呈现本课的教学过程设计及意图，即让读者清晰地明白怎样从“认识结构—理解结构—应用结构”这一主线，使得乘法分配律和乘法的意义联系起来，也就是用整体的思维观照我们的教学。文中提到了通过强化乘法的意义来理解乘法分配律的结构，首先导入部分，我们将情境呈现动态化处理，也就是说，我们一开始把整个图分三部分呈现（如图 2-3 所示），从 4 个 8、6 个 8，再到 10 个 8，让学生经历了乘法分配律的产生过程。

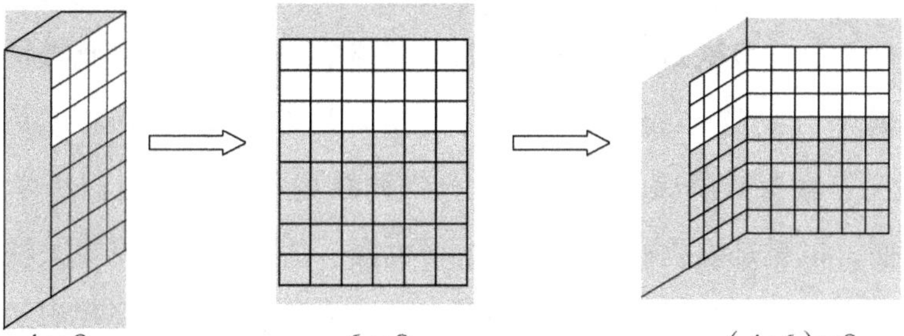

图 2-3

为了更好地认识这个结构，我们再引导学生观察并尝试计算不同颜色的瓷砖的数量，即得到了 $3\times10+5\times10=(3+5)\times10$ 这一结果。然后再顺势而为，让学生自己根据这两个等式的特征写一写类似的等式，并板书在黑板后提出一个核心问题：你能用一个式子把这些等式都概括吗？从而引导学生在辨析和交流中一步步梳理出乘法分配律：$a\times c+b\times c=(a+b)\times c$。到这里，学生们对乘法分配律的结构又有了进一步的理解，结构化也初步有了雏形，从乘法的意义上来理解这个结构，并能让学生避免只认其“形”而未识其“神”的学习误区。

结构化的思维需要我们激活学生的已有经验，要勾连学生的知识网络，更要让学生建立一个整体的知识框架。因此，我们在课的结尾是引导学生回顾我们二年级在学习乘法口诀，三年级的两位数乘一位数、两位数乘两位数等时是否发现了乘法分配律的影子？当学生看完课件展示的示意图和计算过程等，便不难发现原来乘法分配律并不是新知识，它在我们的学习过程中已经出现了很多次，这就是我们知识的结构化。由此可见，换个思维看教材是多么重要的一种思维品质，它让我们多了一个看问题的视角，更多了一个学会用批判性思维看待问题的习惯。

换个习惯，从外在形式到内涵本质

读教材，不能只读表面，而应当深挖其内涵。可根据知识间的关联、内容隐含的条件，也可根据知识本身呈现的意图等来研读教材。如此教材解读功夫需要我们教师有足够多的知识积累，更要有足够的敏锐性和深度性。当前2022年版义务教育数学课程标准中十分强调结构化，这是我们小学数学课程实施的本质，也就是说我们既要关注情境创设、活动探究，更要关注知识的链接和思维的培养。因此我们不妨从外至内、由表及里地去审视我们的教材、研究我们的教材。例如我们的教师习惯了在上课的开始就提出问题："孩子们，你们仔细观察这个主题图，你能发现哪些数学信息，又能提出哪些数学问题呢？"进而引导我们的学生围绕这个情境去观察、思考，但是这种教学方式一定是最优化的吗？学生真的能基于知识本身来架构自己的学习体系吗？带着这样的一些问题，我们再来审视教材时可能就会多了一些疑问和思考。

例如北师大版小学数学一年级下册"回收废品"一课（如图 2-4 所示），这是一节问题解决的课型，那么，我们在实施中需要关注什么？侧重点在哪里？怎样的实施才是真正地基于知识本质和思维本位呢？

图 2-4　北师大版小学数学一年级下册“回收废品”教材图（1）

我们在研究关于“问题解决”课型的一般模式中发现，其关键在于聚焦数量关系的理解，也就是要帮助学生理解条件与条件之间的关系、问题与条件之间的关系，从而建构出问题解决的一般模式。为了使学生能对条件与条件之间的关系产生怀疑和认知冲突，本课我们采用了“动态化”的信息呈现方式，先呈现小红和小青的数学信息，让学生说一说“你知道了什么？”“你还想知道什么？为什么？”让学生在两条信息中建立三者之间的关系，最后再出示小林的数学信息，让学生发现问题。（如图 2-5 所示）

图 2-5　北师大版小学数学一年级下册“回收废品”教材图（2）

这里我们将与小红和小青关系密切的小林的数量先隐去，就是为了让学生发现小红与小青的这两个条件都与小林相关，从而得出解决问题的关键在于梳理条件与条件的关系，然后再根据问题进行分析并列式等。这一过程设计就是强化了数量关系对问题解决的重要作用，也能够帮助学生去建构条件与问题间的关系，从而排除一些干扰条件。借助认知冲突，学生对于问题解决有了较为深刻的印象，并掌握了一些解决问题的策略，也能初步地建立起问题解决的模型。由此可见，我们把重点放在了本质的链接，而不是在于表面的理解，从学会到会学，从知其然到知其所以然，这才是我们学习的本质。因此，这里我们强化的是解决问题的数量关系链接，万变不离其宗，只要真正理解了这些数量关系的本质，理解了这些问题解决的一般模型，就不需要再死记硬背，便能融会贯通。问题解决能力的培养，需要经历一个长期的过程，小学低段是学生问题解决能力发展的起步阶段，在教学中要让孩子经历问题解决的全过程，帮助学生紧紧抓住“关系”深究，通过制造条件间的冲突关系、问题之间的联结关系、策略间的模型关系，在画图、操作、实验、归纳、总结中不断培养学生对问题的敏锐力、理解力与分析力，不断提升问题解决能力。

教材解读是我们教师非常关键的一个环节，如果我们能将自己处理和思考教材的一些思考转化为专业表达，便能给予读者启发，这就是我们教育写作的意义所在，更是我们教育写作的使命与担当。

问题 8：如何转化教学设计灵感的顿悟？

教学设计是我们教学实践的蓝本，也是我们对教材个性化表达的一种重要方式。因此，一个好的教学设计不仅能推动我们的课堂往纵深发展，更能促进学生的思维发展和素养提升。那么我们如何在教材解读过程中，把产生教学设计的灵感记录下来并转化为文本呢？又该如何将这些经验转化为专业表达引发每位读者思考，促进教师对教材的理解、对教学设计的深度认识呢？

挖掘教材的内涵，往深处做文章

教材是静态的，是“死”的，那我们又该如何挖掘教材内涵，真正地关注学生的思维发展呢？又如何将教材变成“活”的教学设计呢？教师将起到至关重要的作用，他是教材的“翻译者”，更是“执行者”，但作为数学教育者，我们的教学应该是结构化的、具有浓厚思维性的，更应该是注重学生的思考和帮助学生学会迁移思想的，而不是一味地照本宣科，也不是把教材当成了全部。例如我们在北师大版数学三年级下册第五单元“分数初步认识”中，常常会遇到下面这样的问题。(如图 2-6 所示)

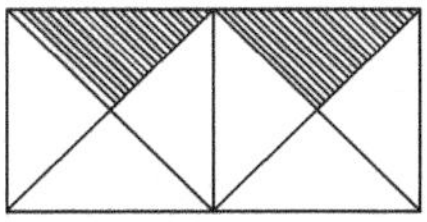

(　　)

图 2-6　用分数表示图形阴影部分面积

这个问题考查的是如果把每个正方形看成一个整体的一部分，那么就可以用分数$\frac{2}{8}$表示；如果把长方形看成一个整体，那么就可以用分数$\frac{1}{4}$表示。这里本来是要看学生是否对分数的概念有深刻的理解，对于分数中整体与部分间的数量关系内涵是否真正地理解了，但实际上它的价值远不止于此，其更重要的价值应该体现在学生的迁移思想的培养上。如果我们将这个题目再拓展至如图 2-7 所示两种情况，又会有什么样的收获呢？

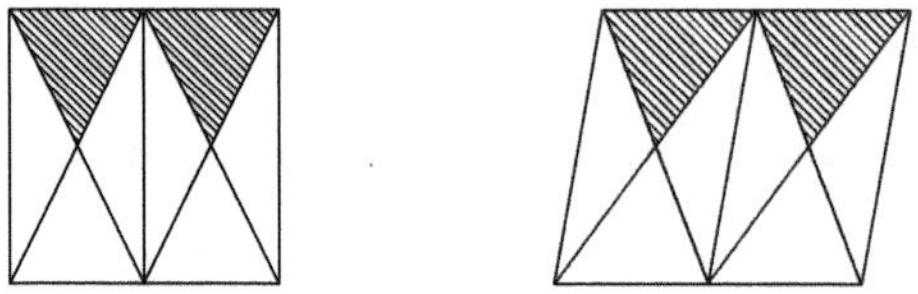

(　　)　　　　(　　)

图 2-7　用分数表示图形阴影部分面积

把原来的正方形变成了长方形和平行四边形后，从观感上学生肯定就会质疑。从肉眼上看，阴影部分的面积确实好像不是整个图形的$\frac{1}{4}$，就算有了前面正方形和这个题目的铺垫，但学生还是不太敢肯定，甚至有些无法下手。因此我们在教学设计时强调了学生的自主探究，引导学生通过做辅助线，发现通过分割后的面积也是一样的（如图 2-8 所示）。

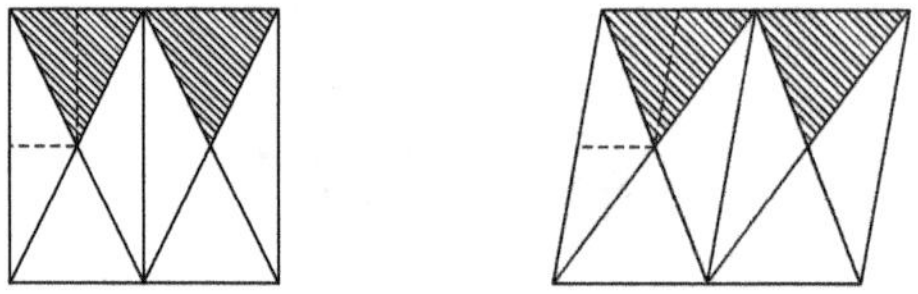

图 2-8

这个具有思维价值的素材如果我们仅仅停留在第一个图，那么就浪费了，因此我们在教学设计时就关注学生的思维发展，从第一个图拓展至第二个图、第三个图，这就是学生学习方法、学习能力的培养，更是思维方式的转变和思考路径的开辟。这样的教学设计就是教师心中不仅只有教材，更把学生的思维培养、教材深层内涵、数学学科特质和结构化知识放在了首位，这样的设计才是真正有深度、指向学生素养提升的。因此关注教材的内涵、往深处做文章，是教学设计灵感顿悟的一个重要落脚点。

突出教材的创新，从巧处破难点

教材的使用不是一成不变的，应要灵活地、有创造性地使用，因此我们有时要根据儿童的学习特征来构建教学素材，有时我们又应该从学科本质来思考素材的加工，有时还需要把特色性的素材融入知识中开展教学。北师大版小学数学一年级下册“认识图形”一课中，需要引导学生从立体图形中抽象出平面图形，从而初步认识正方形、长方形、三角形和圆形。本课内容抽象、乏味，而一年级的学生却好奇、爱动、热衷于故事，那么如何才能激活学生学习积极性，又该如何引领学生进行深度学习呢？我们团队在数学绘本的研究中发现了一些有效的素材，采用一个完整的故事情境、一个有思维层次的核心问题、一次有趣的探究过程，让学生对知识有了新的认识。

我们把《柱形三兄弟和锥形三兄弟》这个绘本故事进行了改编，把立体图形王国中球球先生的邻居改编为正方体、长方体（有两个面是正方形）、三棱柱和圆柱体，然后通过《西瓜失窃案》的故事情境，通过四个环节：第一，西瓜失窃，瓜地里留下正方形脚印（提出问题）——体验面在体上；第二，辨认盗贼，留下居民的脚印（操作活动）——理解从体得面；第三，理解关系，立体图形中有哪些面（辨析交流）——辨析由面还体；第四，生活应用，找一找生活中有哪些物体中面（拓展学习）——寻找物中有面。这四个环节一步步围绕着面与体间的关系不断地深入，帮助学生建立两者的深度认知，更重要的是在有趣的故事情境中有思辨、有深度学习、有触动，这样的学习素材是值得我们去深挖的。

此外，我们将“认识平面图形”一课的重点和难点与这个有趣的素材融为一体，这是一年级学生所喜欢的，也是适合学生们展开探究和激发求知欲的有效媒介。用这个巧劲来撬动学生的思考、完善探究活动的设计、拓展学习的深度和广度，让学生更聚焦于发现问题、提出问题、分析问题和解决问题，真正地实施核心素养的培育。因此，教材的创造性使用，有时可能会带来不一样的惊喜，也可能帮助我们找到更合适儿童的学习路径，这就是素材的魅力。

关注知识的结构，在要处燃思维

知识结构化是当前的热点话题，但这并不是新话题，只是在教育改革的进程中慢慢地被淡忘了；经过了时间的考验，我们发现结构化对于学生的思维发展具有举足轻重的作用，它是学生具有整体思维和学会学习的重要媒介。因此帮助学生建立结构化思维和知识体系，是解决问题的基础，也是学生学习历程中非常重要的思想方法。2022 年版数学新课程标准再次把“结构化”作为核心提出来，说明我们当前的教学中存在片面、离散和点状等突出问题，这里，我们需要帮助学生建立一个新的学习观念，让他们学会真正学习。例如，我们在教学除数是小数的除法时，我们首先要做的就是激活学生整数除法的经验，借助其来认识小数除法，将小数除法转化为整数除法，这就形成了以整数除法为基础的结构化知识网络，把有关除法的内容进行了链接，也就是说让学生真正地明白小数除法不是新的内容，与我们原有的内容是紧密相连的，而且思考的方式也是一致的。这样的教学才真正地不是以知识教学为主体，而是把学生的能力培养放在首位的。

再如我们曾经就“分数再认识”教学做过专题的研究。三年级时，我们初步认识了分数，到五年级又再次认识分数，那么“再”认识什么呢？又该如何引导学生学习分数的再认识呢？其实，在三年级我们要重在帮助学生对分数“形”的建立，用一个个具体的图来对应一个个具体的分数；五年级则重在对分数概念的抽象理解，通过比较分析相同与不同，在各种图式中抽象出分数。后来笔者以《大单元视域下如何进行知识结构化的链接与呈现——以北师大版五上“分数再认识”单元教材分析为例》为题写了一篇文章，从三个方面对知识结构化教学进行了阐述：笔者理解的大单元、结构化是什么？结构化视域下分数再认识要认识什么？分数结构化认识的核心是什么？等等，这些关键性问题让学生能对自己的知识有一个新的思考，从整体的视角，从立体的视角去审视教学，更重要的是这样的教学是真正地能点燃学生思维火花，并能激发他们不断探究的。

教学设计的灵感来源有很多，但是我们如何把握住机会，又如何基于热点或关键点进行设计，是非常考验我们对学科知识敏锐度、对教育热点的关注度和对教育内涵理解的深刻度的。由此，再转化为专业的表达，对于读者来讲，其意义是深远的、具有指导性意义的。

【例文】

大单元视域下如何进行知识结构化的链接与呈现

——以北师大版五上“分数再认识”单元教材分析为例

深圳市宝安区西湾小学　陈永畅

当前教材内容的呈现是根据学生的年龄特征和学习能力，将知识点分阶段、分层次逐步螺旋上升地呈现，因此许多连续性的知识点是分布在不同的年级进行学习的，由此需要教师具有整体教学观，如不能很好地把握知识的前后联系和重难点，就会造成学生知识断层和思维散点，学习储备也总是七零八落，不能完整地建构出自己的知识网络。因此，以大单元的观念进行教材知识的结构化链接，则是当前教师的必备技能，也是课堂质量提升的基本要素。

关于分数的概念，北师大版教材分为两个阶段，即三年级下册的“分数的初步认识”与五年级上册的“分数的再认识”，为何要将其分为两个阶段学习呢？为何是“再”认识？又应该“再”认识什么呢？这些可能都是我们备课组首先要思考的问题。因此，如果我们教师对分数的单元整体的知识缺乏深入的理解，并且不能精确地把握三年级和五年级这两个阶段的教学重点与难点，则不能真正地实施分数的概念教学。

一、如何理解分数的大单元教学

很多教师对大单元教学的理解还停留在课时意义上的单元，这是狭义的。其实关于分数的认识，在小学阶段我们可以将其分为五个阶段：第一个阶段，一、二年级经历“平均分”的活动，积累丰富的经验后，为初步认识分数奠定基础。第二个阶段，三年级的初步认识分数，在“平均分”的基础上，体会“不够分”后从而产生学习新数的必要性，同时借助多种图，帮助学生直观认识分数所表示的整体和部分的关系。第三个阶段，五年级分数的再认识，扩充分数产生的背景，扩充对“整体”的认识，扩充对比较关系的认识，认识分数单位，体会分数是分数单位的累积，进而理解分数与除法的关系。第四个阶段，六年级分数的运算和解决实际问题，进一步加深对分数意义的理解，认识到分数可以进行四则运算。第五个阶段，六年级比的学习，沟通分数、除法、比之间的关系。根据这五个不同的学习阶段，回到分数认识的本质，即分数单位的累积来重构教学，只有在这样的大单元视域下来进行每个阶段的分数教学，才能真正地形成一个整体，使得每个知识散点如珠子一般被一个个串起来。

那么根据教材内容我们如何定位三年级和五年级分数认识的教学呢？三年级重在帮助学生对分数“形”的建立，用一个个具体的图来对应一个个具体的分数，旨在从“份数”的定义来描述部分与整体间的关系；五年级则重在对分数概念的抽象，通过比较分析相同与不同，在各种图式中抽象出分数，让学生体验分数，不仅可以表示量与量之间的关系，还可以表示一个具体的数量。两个年级的分数认识是逐层递进的。因此只有如此精准地把握教材知识间的联系，才能更好地链接学生的元认知和发展思维。这里的大单元教学应该具有一种结构化思想，并以“既见树木，更见森林”的视角，用一个核心的知识点观照所有课时的学习，分数这一单元则应该重在聚焦整体与部分的关系，从中理解分数的意义，并感受分数意义的丰富性、分数迁移应用的复杂性和分数表示的特殊性。

二、大单元理念观照下分数再认识

五年级分数这一单元是按照“分数的意义—分数单位—分数与除法—真分数与假分数—分数基本性质”的内容编排顺序呈现，那么要基于三年级的基础上深化分数的意义，并帮助学生理解分数作为“数”的特殊性，首先要处理好如下几个关键点。

1. 整体“1”的特殊性

三年级时学生均在孤立情境中将一个物体、多个物体分别看成“整体”，而五年级教材则是一个情境中出现了同一个分数表示三种不同情况，然后在比较辨析中抽象出分数的意义（如图2-9所示），这就相当于把三年级的内容进行了一次整体的复习与提炼，也给学生造成了一个思维冲突和碰撞的机会，从而理解“一个物体”“多个物体”“一个计量单位”等都可看作整体“1”，初步引领学生感受到整体与部分间的关系，体验分数的意义具有特殊性，且应存在于相应的情境中。例如，把一个苹果看作整体“1”，把它平均分成2份，吃去其中的1份，那剩下的那1份还可以看作整体“1”吗？答案是肯定的，这里当然也可以根据需求将剩下的半个苹果看作整体“1”，但这对于学生来说，剩下的是一半，与一个苹果这个整体比较应该是$\frac{1}{2}$，为什么又可以把这个一半也看作整体“1”呢？这就是整体“1”特殊之处，它从某种意义上具有“人为约定”的属性，这是此课需要重点引领学生去突破的一个难点。因此这一课时，教材也安排了三个层层递进的活动，从整体到部分，又从部分到整体，不断地帮助学生深化理解整体与部分的关系，从而真正读懂分数表示部分与整体的关系中变与不变的本质。(如图 2-10 所示)

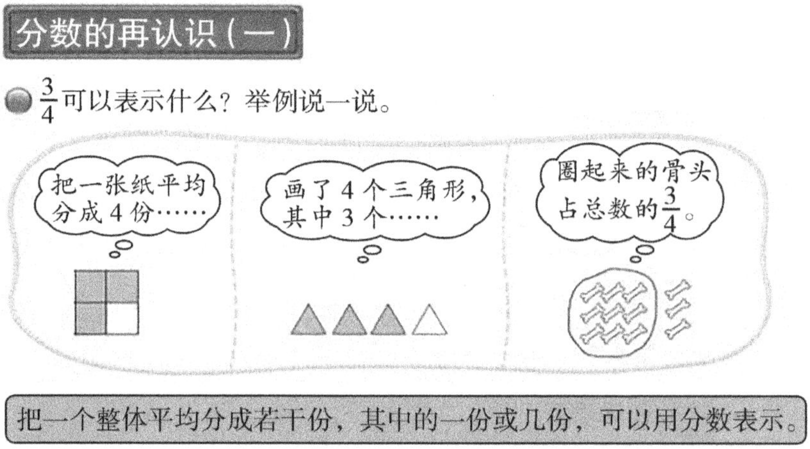

图 2-9　北师大小学数学五年级上册“分数的再认识（一）”教材图

图 2-10　北师大小学数学三年级下册“分一分”教材图

2. 分数意义的丰富性

三年级下册分数初步认识是从“份数”的定义切入的，也就是说是以表示量与量之间的关系的视角来引出分数的，而分数作为“数”的形式出现是在五年级上册第二课时，即从测量的视角描述两量关系时，才初步渗透了分数也可以表示一个具体的数值（如图 2-11 所示），但真正出现分数是一个“数”这个概念的应该是第三课时“分饼”（如图 2-12 所示），进而在分数与除法的一课再次强化，但是在教材中并没有突出“数”这一概念，那我们需要让学生去理解吗？我个人认为是需要的，这就是分数的丰富性的体现之一。因此在这两个课时的教学时，需要从整体与部分的关系帮助学生建构分数的意义，同时也要让学生明白，$\frac{5}{4}$块、$\frac{7}{3}$千克也就是具体的数，这就是分数的价值所在，也是分数作为数的特殊性。（如图 2-12 所示）

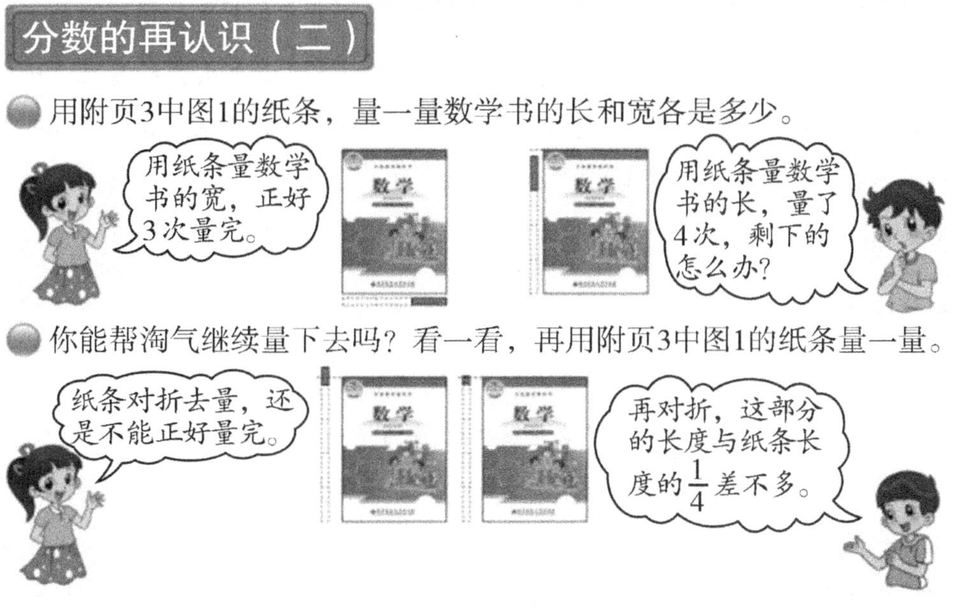

图 2-11 北师大小学数学五年级下册“分数的再认识（二）”教材图

图 2-12　北师大小学数学五年级下册“分饼”教材图

3. 分数认识的整体性

数是对数量的抽象，那么分数作为“数”的特殊性又是如何体现呢？我们又该站在什么高度去审视它呢？首先我们要具有基于自然数的基础上形成“分数”的观念，也就是说分数是借助于“1”的等分关系来表示数量的。此外，在自然数中表述数量间的“率”是用“倍”来描述，如，4个苹果是1个苹果的4倍；但如果反过来，1个苹果与4个苹果的关系就不能再用“倍”来描述，此时就应该用$\frac{1}{4}$来描述，由此，不难看出分数就是“倍”的延伸拓展，都是如出一辙的，描述的都是“率”。通过这个例子，我们不难看出分数与自然数的密切关系，我们也只有站在整体的数的认识的高度来开展分数的教学，才能使得学生的认知具有全局观，才能真正地使得知识间产生链接，真正地实现知识的结构化呈现，让学生的学习活动是全面覆盖、全程参与、全息整合的，也就是说要让学生时刻发现，原来我们学习的知识都并不是“新”的，只是在原有基础上的一种延伸拓展，然后不断建构自己的知识网络与体系。

三、分数单元知识结构化的核心

知识结构化的教学核心是在学习新知识时，引导学生找到相关的旧知识通过对比链接，探寻新旧知识的本质联系，回归到数学学习的本源，用整体的视角审读分数的认识。

1. 站在整数的肩膀上认识分数

分数具有多重意义，但不同的学生对其理解也是不同的，因此如果将分数作为一个新知识去学习，没有整数的认识基础作为铺垫，学生将会存在更多的困难，也会将整数和分数作为两个不同的知识体系来进行建构，这样则不利于“数”这个概念的形成，那么关于整数的运算等法则在分数中同样存在的道理便会难以实现，学生的学习迁移能力也不能得以发展。但是如果由整数产生分数，逐渐地构建其整体性联系，在基于整数的计数单位引出分数单位，形成了“数”的横向与纵向交融的逻辑结构，从知识本源去发散、沟通、迁移和抽象，这才更有利于学生的整体性思维和知识结构化。

2. 将分数单位作为“桥梁”理解

在整数中，任何一个数都是由计数单位累积而成，在分数中也是同样的，任何一个分数都是由分数单位累积而成的，也就是说分数单位就是分数的计数单位，而分数单位又不像整数的计数单位一、十、百、千等具有规律性，它是与其等分数量相关，这是学生难以理解的，但无论是分数意义的理解与应用、分数大小比较，还是分数运算等学习内容，分数单位都是关键。因此我们必须把分数单位作为分数认识的一个“桥梁”，是链接整数和分数运用的一个媒介，才能真正地建构起一个完整的数的学习框架。

问题 9：如何提炼和表达热点问题？

热点问题是我们一线教师理论学习或政策了解的重要来源，也是我们教师学习的重要内容之一，那么我们如何在热点问题的学习中获得启发呢？又该如何将这些热点问题引发的思考变成让人通俗易懂且能让读者喜欢的文字呢？具有独特的思考视角，对问题的分析常人所未能想到，是其成文的关键。当然，一些平常的语言表达如果具有一定的深度，也可能会引起大家共鸣，重要的就是要自己在场，这样的文字才能让人感同身受、身临其境，并亲身体验。因此，在这些热点问题的学习过程中提炼出来的观点该如何表达呢？笔者曾经也写过类似的文章。

热点问题不能缺少自我立场

热点问题一般都是专家和名师们热议的问题。他们的阐述视角和高度一定在我们一线教师之上，如果我们人云亦云，便失去了本身对热点问题的思考价值。但是很多教师会觉得，我们既然比不上专家和名师对问题的看法，我们又能做什么呢？其实我们一线教师也有不一样的特点，例如我们积累了丰富的案例，我们在一线教学中能听到教师们的“抱怨声”、看到学生们的“期待目光”。因此，在热点问题的讨论中，我们一定要保持自己的立场、坚持自己的声音。例如，2011 年颁布的新课程标准，当时提出了 10 个核心词，在之后很长的一段时间里，我们的专家和名师都围绕这 10 个核心词撰文并展开了深度的讨论。此时我们一线教师能做什么呢？笔者在参与全国的课例观摩时认真地学习了江苏吴冬冬老师执教的“长方体的认识”一课，后来发现此课就是对当时新课标颁布的“空间观念”这一核心词很好的诠释。因此，我们就以《发展空间观念不妨循序渐进——吴冬冬老师“长方体和正方体的认识”片段思考》，我们想的是空间观念这一“大问题”，但是写的是长方体的认识这件“小事情”，通过一个案例来解读核心词，这样的文章一线教师还是比较乐意阅读的。笔者将学生空间观念的发展比喻成是一个建房子的过程，它是一个逐步形成、不断进阶的过程，但是笔者始终是在场的，文字中凸显的是笔者自己对这个核心词的理解，而且还具有独特的一面。

“空间观念”作为十大核心概念之一，可见其重要性和对几何板块的意义。在现实的教学中我们也常常为从何处入手发展空间观念、选择什么素材铺垫想象、该侧重“想”还是注重“做”等问题犯难。其实空间观念的形成是需要经验的支撑和时间的积淀，它也应该是由“做”到“想”，由一维到三维，循序渐进、有理有据的一个建构过程，这样既符合学生的学习特点，也切合学生的思维特征。吴冬冬老师“长方体和正方体的认识”一课分四步走：第一步，切物变“体”，为发展空间观念打下地基；通过学生动手实践，一步步“切”面、棱和顶点，让学生对立体图形的基本特征有了初步的认知。第二步，搭棒成“体”，为发展空间观念筑起框架；提供给学生 4 根 9 厘米、4 根 6 厘米、3 根 5 厘米和 8 根 4 厘米的小棒，让学生选择 12 根拼成一个长方体，这一动手“拼”的过程就是对长方体特征的再一次理解和深化。第三步，从棱得“体”，为发展空间观念砌得墙体；不是给学生一个长方体，而是只给三条棱，学生要先还原长方体后再找面，这又是对学生的空间观念发展的又一次飞跃。第四步，知棱猜“体”，为发展空间观念盖上房顶；从数学的认识到生活应用，这是数学学习的最高境界，更是学生学习的最终目的，也就是要让数学学习变成了学会思考问题和解决问题。

教学内容逐步展开，层层递进，在观察、操作、想象、感悟中多感官、全方位地逐层揭示空间的内涵，而学生的空间观念则在循序渐进的过程中发展。这就是笔者的立场，更是对空间观念这一核心词的理解，因此几何板块教学要在观察中积淀空间观念，在操作中建构空间观念，在想象中发展空间观念。这样的热点问题，如果没有了自我判断和深入思考，就很难让教师对我们的话题感兴趣，更难打动杂志编辑将其刊发。所以面对热点问题，自己在场是必需的。

热点问题更需列举现实案例

案例是我们一线教师所喜欢的，因此作为一线教师的文字一定不能离开案例，我们要借助案例使得文字变得生动、直观、可迁移。那么将热点问题转化为用案例说法便成为非常重要的写作手段，它不仅能让人通俗易懂，更能促进一线教师将其运用于日常教学中，为我们的孩子带去生长的光芒；但是我们如何将这些案例进一步包装和提炼呢？这既需要我们平时的积累，也需要我们用一个合适的“主题”或是核心“论点”将这些案例统起来，形成相互支撑的、理论与实践相结合的文章。

近年曾有编辑老师与笔者约稿，主题是关于“小学学生数学关键能力培养”方面的，这是一个很大的话题，也是一个非常专业的话题，作为一线教师，我们该如何切入、从哪里起笔呢？于是，我们在知网搜索了许多相关的理论，有课标修订组组长史宁中教授的深度解读，有徐斌艳教授对数学关键能力培养的一些思考，也有我们少数重量级的一线典型代表吴正宪老师的实践。从高校专家到一线名师都对数学关键能力培养有过较为深度的论述，作为一个普通的教师，我们又该从哪个视角来陈述呢？文献中显示，这部分的内容暂时在实践层面上还是比较少的，基本上都是停留在理论上，与课例结合的实践层面比较匮乏。因此，我们的第一个落脚点便是实践层面，用案例来支撑我们提炼的理论，这样的文章可读性比较高。后来我们就以《小学数学关键能力培养：媒介、价值与路径——以指向学生深度理解的教材解读与活动设计为例》为题写了一篇论文。文中通过阐述课堂教学来落实小学生数学关键能力的培养，并从关键能力的培养是深度理解基本任务、是品质思维外显特征、是核心素养重要组成三个维度讲述我们为何要开展小学生数学关键能力的培养，其实最重要的内容是我们如何在实践中进行小学生数学关键能力的培养。

在文章的第三部分，也就是整篇文章的重点部分，我们用了三个案例支撑我们的三个观点，并且与新课标的“三会”对接起来，我们认为会用数学的眼光观察现实世界、会用数学的思维思考现实世界、会用数学的语言表达现实世界，就是我们当前小学生必备的关键能力。

第一，要“变教材为学材，用数学的眼光观察”，这里我们列举了三年级上册“两位数乘一位数”一课的设计，当学生在研究 12×3 时，我们即可转化为以前的一位数乘一位数，即 6×3+6×3，并借助点子图让学生能直观地理解其中的含义，建构结构化的知识体系。但是这个问题如果只是将 12 拆成 6 和 6，其作用就被削弱了。因此我们又提出不妨在此处，带领学生探究将 12 拆成了 7 和 5、8 和 4、9 和 3、10 和 2 等，进一步引导学生通过观察点子图来理解，让学生将新知识转化为旧知识的学习方法读懂、读深刻。这样的活动设计关注的是学生的思维发展，关注的是教材的动态化呈现，关注的是学生的学习素材的创造，关注的是学生学习的关联性与学习方法的指导。如此一来，学生关键能力的培养便是顺其自然、水到渠成的事，也足以见得用数学的眼光审视我们的教材、学材和创设学习活动是多么重要，对学生的能力培养也起到了关键性的作用。

第二，要“变离散为关联，用数学的思维思考”，这里我们借用了有关分数的认识、运算的一致性和测量本质的理解等案例，帮助学生建构如何用数学的思维来思考。测量的本质就是“单位”的累积，长度单位是每个 1 厘米、1 分米、1 米等的累加，面积单位是每个 1 平方厘米、1 平方分米、1 平方米等的拼加，体积单位是每个 1 立方厘米、1 立方分米、1 立方米的堆积。只有真正地读懂这样的内涵，我们才能真正地理解长方形的面积为“长×宽”，其本质是求这个长方形里面可以铺多少个面积单位，从而得出长的数量与每行铺的面积单位数量相等，宽的数量与铺成的行数相等，顺其自然得到此推导过程。

由此，我们再用整体的思维来审视教材内容时，就不难发现有关测量单位的教学，我们可以形成“对象—工具—方法—结果”的一般模式，无论是长度单位还是体积单位，都是适用的。这就是将零散的知识用关联的方式进行建构和设计，指向的是学生的深度理解，发展的是学生的学习能力，这就是数学思维。

第三，要“变学会为会学，用数学的语言表达”，这里，我们采用的是北师大版数学一年级下册“一个数比另一个数多几少几”的问题来解决这个案例。我们要培养学生什么样的关键能力呢，我们觉得培育学生学会学习的能力是最重要的，也就是说“迁移”这个能力是至关重要的。我们打破了常规的教学方式，不再是先出示主题图让学生寻找数学信息，然后分析数学信息间的关系，再利用画图等策略解决数学问题，最终得出结果；而是让学生聚焦在条件和条件、条件和问题间的关系上。因此我们在设计这节课时，动态化呈现主题图的数学信息，一开始先后出示小红和小青的信息，然后让学生提出数学问题，这时学生会发现他们提出的问题根本没有办法解决，这里少了最关键的信息，也就是小林的相关信息，因为小红和小青的数量都与小林有关，一步一步地让学生建构起信息间的关系，同时明白了问题解决的关键在于从条件到问题，或是从问题到条件，更重要的是明白了条件之间存在的数量关系至关重要，这是问题解决的一般模型，我们的教学不是单纯地教会或学会一种类型，而是应该通过一种学习媒介慢慢地学会迁移与应用、真正地发现学习的规律、会学习才是我们教学的最高目标。这样的过程我们关注的是学生长远的学习能力培养，让他们有了长程学习理念，有了迁移的思想，这样的学习才能支撑学生走得远、走得实、走得巧。

类似的热点问题有许许多多，需要我们选择合适的切入点挖掘其价值，并将其与我们日常教育教学的案例结合起来，这样成果提炼和表达便能显示出我们独特的思考，更能帮助我们的一线教师运用于教育教学中。

问题 10：如何梳理文献阅读和综述的观点？

在初期的论文撰写和课题研究中，笔者常常处于“闭门造车”的过程，很少去参照和学习他人的一些文章或理论，但后来发现要写出高质量的论文和开展有价值的课题研究，文献搜索与综述是必不可少的，只有认真地研究他人的成果，才能得到更有价值的智慧。可是，对于我们很多一线教师来说，并不习惯开展文献阅读和综述，甚至有部分没有接受过研究生学习经历的教师，根本不知道怎样进行文献综述，笔者也是在写作和研究过程中边学边用，逐渐地形成了文献阅读和综述的一些小技巧。

技巧一：学会确立关键词进行文献搜索

针对我们要研究的主题有非常多的相关文献，如果一一查阅或学习，这需要我们花费非常多的时间，但是现在知网上的文献质量良莠不齐，所以一般情况下我们首先是找关键人，例如我们小学数学中有重要地位的史宁中、马云鹏、刘坚等教授的文章，还有一线教学中有代表性的人物，如吴正宪、华应龙、贲友林等教师的文献。其次，我们找核心期刊的文献，这些文章的质量比较高，参考价值也比较高。再次，我们常常会用到一些关键词或词频进行搜索，这样能快速地找到我们相关的文献，并且给予一些限定条件后，文献搜索也会更精确。例如在旧版知网入口进行“高级检索”时就会有主题、篇摘要、作者、发表时间、文献来源和支持基金等分项目（如图 2-13 所示），那么我们就可以根据自己的需求进行文献的搜索，并进行文献的整理，这里的文献我们可以精确到核心刊物，这样就可以避免我们受到一些“不知名”刊物的干扰了。笔者曾经在开展“小学数学教材内容动态化呈现的实践研究”时，以“教材开发”和“动态化”两个关键词，并且限定为核心刊物进行文献检索，

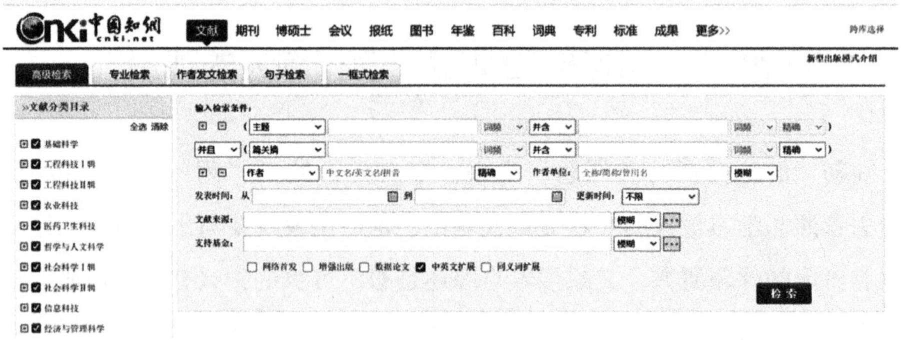

图 2-13

这时就得到了如图 2-14 所示的文献分布。针对下面的一些子分项，我们还可以进行文献范围的缩小，得到更加精确的文献，然后再对文献开展进一步的分析、分类和归纳。因此，我们要进行文献检索时，必须先把关键词确立下来，为什么我们这个研究不是把“小学数学”“教材内容”“动态化”作为检索的关键词呢？其实，我们一开始是以这三个词进行检索的，但是发现搜到的文献并不多，因为有关教材内容动态化研究目前是空白的，那么我们的这个研究可以把它归为教材的二次开发，于是我们就把关键词定为“教材开发”，当然有些研究是热点，例如深度学习、素养导向等，这样的研究主题我们就完全可以把它当作关键词进行检索了。一般情况下我们都是把标题的重要词组作为关键词进行检索，或者把标题中的三要素——研究对象、研究内容和研究方法作为关键词进行检索。这样的关键词检索方式是比较常用的，也是最基本的，可能得到的文献还需要根据主题进一步筛选和排除，但也能基本满足我们的文献综述。

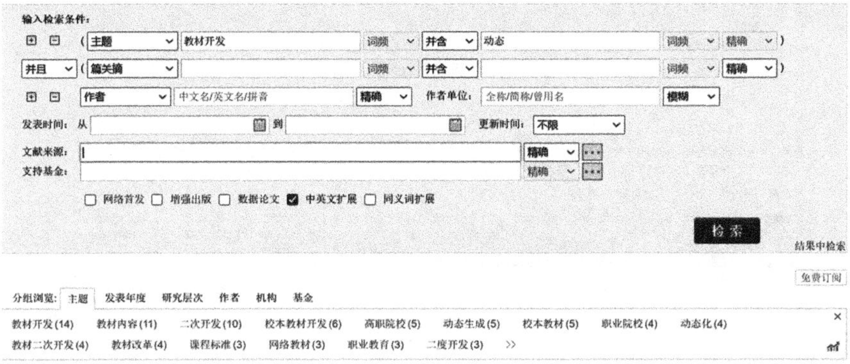

图 2-14

技巧二：学会选择重点文献进行阅读

经过利用关键词检索后，得到了检索范围比较大的文献材料，那么我们如何对这些文献进行重点筛查和遴选呢？第一，我们一般会先看标题，标题中就能看出是否与我们的研究具有相关性；有相关性的文献我们勾选留下。第二，可以根据主题分类，如上图中有关“高职院校”“职业院校”“网络教材”“职业教育”等主题明显与本研究无相关性，可以直接去掉。第三，判断作者在这个领域研究的影响力，从而留下有重量级的文献。经过这一轮的筛选后，笔者一般会建立一个专门的文件夹将相关的文献下载下来，存放在文件夹中，然后一个个进行粗读，确立哪些是重要的文献后，再将它们存放到这个文件夹的二级文件夹中。接下来将这些留下的文章进行细细研读，并将重要观点进行摘录，在知网上我们可以根据参考的文献导出文献的格式（如图 2-15 所示），我们在撰写论文需要引用时就可直接使用。此外我们还能根据该篇文献找到一些相关或相似的文献，包括有相似文献、读者推荐、相关基金文献、关联作者和相关视频等，从而可以根据这个文献信息进一步地寻找到更多相关的文献，发现相关性比较紧密的可下载并存储起来（如图 2-16 所示）。

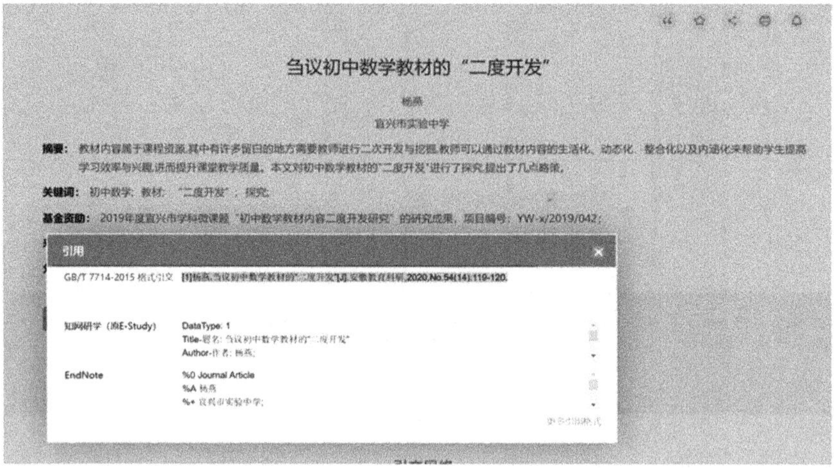

图 2-15

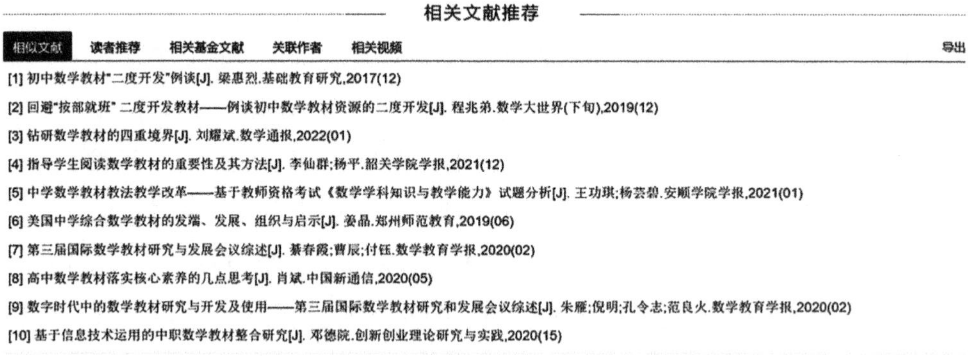
相关文献推荐

相似文献 读者推荐 相关基金文献 关联作者 相关视频 导出

[1] 初中数学教材“二度开发”例谈[J]. 梁惠烈.基础教育研究,2017(12)
[2] 回避“按部就班” 二度开发教材——例谈初中数学教材资源的二度开发[J]. 程兆弟.数学大世界(下旬),2019(12)
[3] 钻研数学教材的四重境界[J]. 刘耀斌.数学通报,2022(01)
[4] 指导学生阅读数学教材的重要性及其方法[J]. 李仙群;杨平.韶关学院学报,2021(12)
[5] 中学数学教材教法教学改革——基于教师资格考试《数学学科知识与教学能力》试题分析[J]. 王功琪;杨芸碧.安顺学院学报,2021(01)
[6] 美国中学综合数学教材的发端、发展、组织与启示[J]. 姜晶.郑州师范教育,2019(06)
[7] 第三届国际数学教材研究与发展会议综述[J]. 綦春霞;曹辰;付钰.数学教育学报,2020(02)
[8] 高中数学教材落实核心素养的几点思考[J]. 肖斌.中国新通信,2020(05)
[9] 数字时代中的数学教材研究与开发及使用——第三届国际数学教材研究和发展会议综述[J]. 朱雁;倪明;孔令志;范良火.数学教育学报,2020(02)
[10] 基于信息技术运用的中职数学教材整合研究[J]. 邓德院.创新创业理论研究与实践,2020(15)

图 2-16

这些重点文献确定后，我们就要开始整理、分类和提炼了，有些可能需要整合在一起变成一个核心的观点；有些可能需要进行概括变成自己的理解作为引用；有些则需要我们加工成为一个合成观点再进行引用。因此，对于文献的阅读，最终都是要变成我们的引用，为我们的研究或文稿的核心观念服务。

技巧三：学会利用图表进行文献的综述

纯文字的文献综述可读性不强，我们可以借助知网中的计量可视化分析功能，将我们的文献搜索结果进行分析或图表表征（如图 2-17 至图 2-20 所示），如此一来，便会显得更加直观、可见。

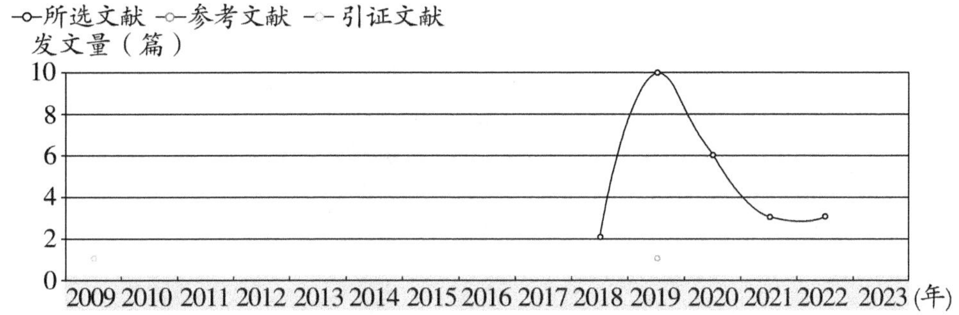

图 2-17　总体趋势分析图

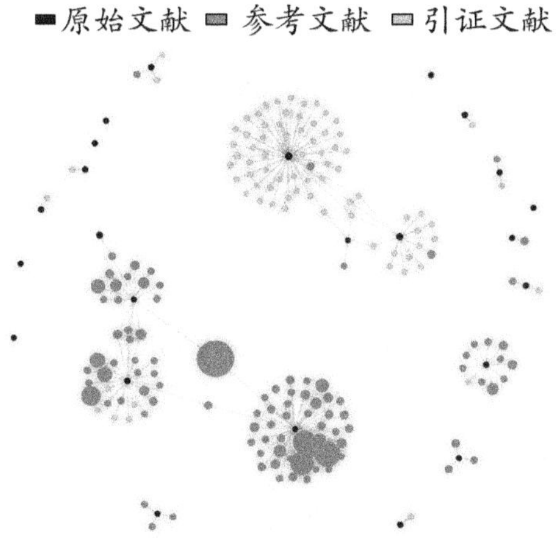

图 2-18　文献互引网络

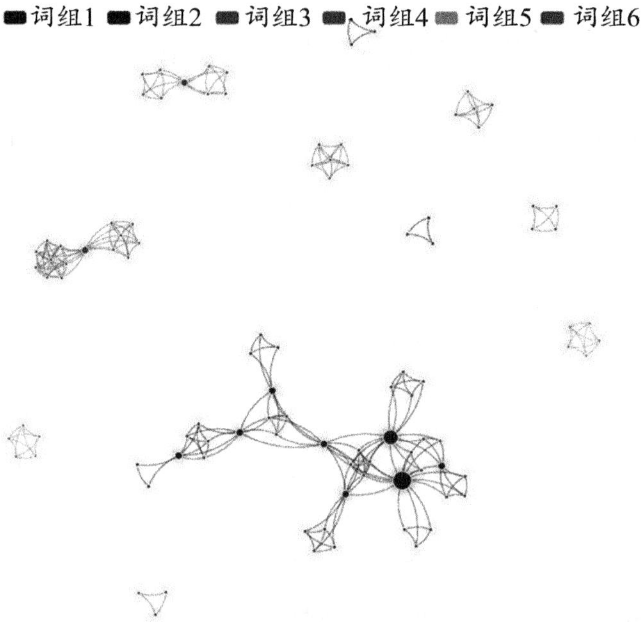

图 2-19　关键词共现网络

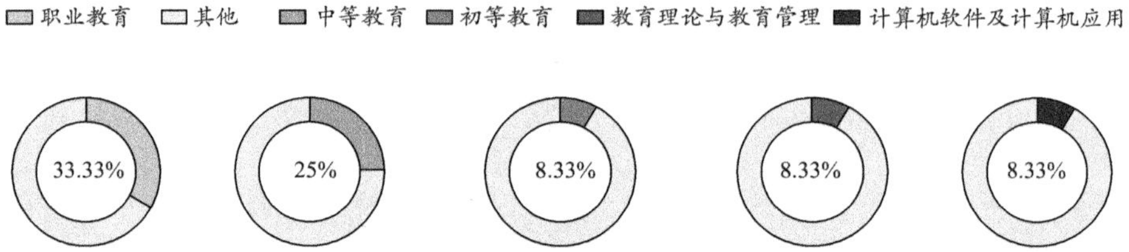

图 2-20　文献学科分布

有了这些可视化的图表，我们既可分析它们之间的关联性，还可以有针对性地遴选重要的文献，更重要的是可以根据这些图表结构化地分析我们的研究主题与当前研究的关系。此外，把这些图表放在相关的申报文稿中，也能让专家更加直观地读懂我们的意图，明确我们的研究具有什么样的基础，提高了我们的评审通过率。

技巧四：学会对重要文献进行分类、综述和提炼

有关小学数学教材内容动态化呈现的实践研究有两个核心词：“教材内容”与“动态化”，即本研究基于原有的教材的内容通过动态化的呈现方式开展教学，它是属于教材的创造性使用的研究视角中的一种，也就是我们通常提出的“教材再开发”或“教材二次开发”的研究领域，因此通过文献的阅读后我们提炼出如下的几个结论。

1. 关于小学数学教材研究的综述

本研究中的小学数学教材是指狭义的教材概念，即小学数学教材。从知网检索中发现，当前小学数学教材研究以文本比较研究为主，国内教材对比的典型有李星云（2010）研究改革开放初期、普及九年义务教育时期和21世纪初期三个教材的教材特点；刘久成（2012）从新中国成立60年的角度对教材内容和结构变化深入分析；还有部分是对北师大版、人教版、苏教版等不同出版社的教材进行对比研究。而国内外教材对比的典型有曹培英（2000）从数与计算、量与计量、几何初步认识、代数初步认识、统计初步认识和应用题等方面对日本与上海版教材进行对比研究；李雅琪（2009）从课程背景、教材结构、教材内容三个方面对中、俄、美三国教材进行了整体的比较分析。在教材的个案研究方面，宋乃庆等（2013）基于人教版、西师版和北师大版教材，就估算的编写情况进行细节的分析；段丽莎（2013）以苏教版和人教版小学数学教材为例，研究两个版本的“解决问题”编排体系、素材来源、内容安排、文本表达和呈现方式等五个维度。

2. 小学数学教材的创造性使用的综述

近年来，国内教师及学者对“创造性使用教材”的研究逐年递增，在知网中检索到文献共42篇（如图2-21所示），但大多数以教学叙事或案例呈现的方式，来谈教学中如何创造性地使用教材的一些做法或策略。如张影在

《课程教学研究》发表的《解析小学数学教师创造性使用教材途径》；费岭峰、胡慧良在《小学教学研究》发表的《例谈作为课程资源的小学数学教材的创造性使用》等，大多从挖掘、重组、整合、替换、深化教材等视角提出了“创造性地使用教材”的理念，并提出把教材用好、用活、用实这一共识。但是这个教材使用的策略较为零碎和感性，缺乏理论层面上的阐述和理解，也没有形成一套可供操作实践参考的小学数学教材使用策略体系。

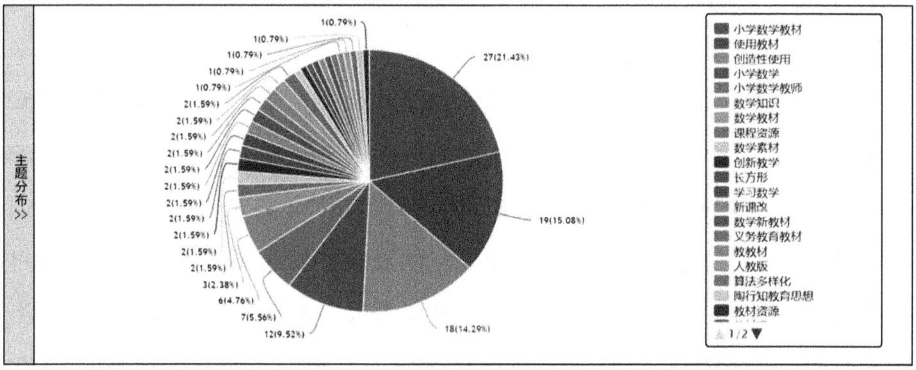

图 2-21　小学数学教材的创造性使用的文献概况

3. 教材内容动态化呈现的综述

以教材内容动态化进行文献检索共有 21 篇（如图 2-22 所示），学段上从幼儿园、小学、中学、中职和大学都有，学科上涉及政治、数学、英语、地理和信息技术等，研究视角上主要聚焦课堂生成、习题设计、教材建设、信息技术与学科融合等，在教材内容动态化策略研究方面还比较少，特别是基于原有教材的内容的二次创编与开发。

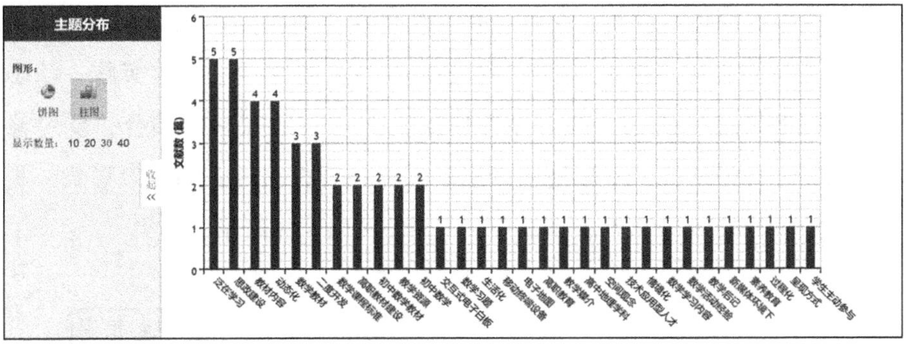

图 2-22　教材内容动态化呈现的文献概况

通过这些文献的综述，我们便可得到这样的结论：近年对教材的研究已越来越多，也逐渐形成了有关教材研究、不同地域教材研究的一些范式，研究的视角也逐步扩大，特别是在教材的文本性研究和实证研究也已有很多突破，当然也存在一些还可以深耕的研究视角，特别是基于教材原有的素材进行二次开发的视角是具有研究价值的，这也就是本研究确立的初衷。因此，学会将文献进行分类、整理和提炼是我们做研究的一个基础，也是我们文章撰写的核心。

技巧五：学会将文献的所综所述延展为课题或论文

通过上述的文献综述，我们发现了“教材内容动态化呈现”研究的价值，当前的教材研究主要聚焦在教材纵向的内容结构化和横向的多版本教材对比研究方面，对于具体的内容的呈现方式研究还比较少；而我们把教材内容“动态化”研究作为主题，也是有深度思考的。我们所研究的“动态化”，不仅关注形式，更关注学生的思维发展，学生的思维发展需要一个动态形成过程，更需要有一个灵动的思考环境。由此，我们的研究思路和研究框架就逐渐清晰了，以北师大版小学数学教材为研究对象，聚焦教材内容的动态化呈现方式，从学习情境的动态化、学习活动的动态化、探究素材的动态化三个方面研究如何将教材原有内容进行处理，从而使得学生的学习过程动态化、思维发展动态化、知识链接动态化。因此按照“理论学习—课例设计—课堂实践—动态反思”的研究框架进行研究，注重寻找理论支撑与实践探索相结合，反思修正与课堂二次实验相结合，不断地梳理出动态化呈现教材内容的一般形式，提升课堂质量和培养高阶的学生思维品质，具体如图 2-23 所示。

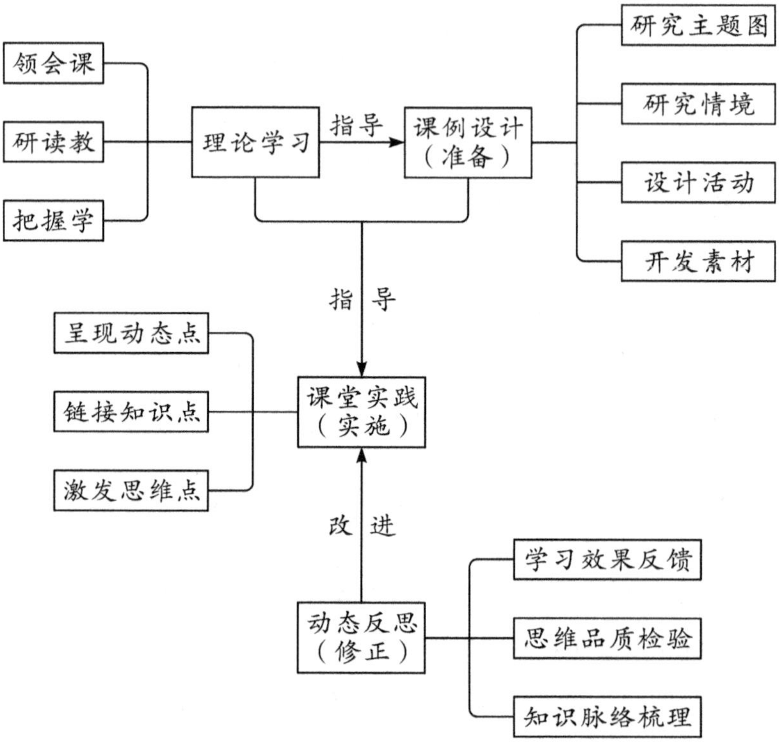

图 2-23

此外，我们还以《动态使用教材使知识生成“活”起来——以北师大版小学数学教材使用为例》撰写论文，通过“三个论据+三个案例”展开论述，即“动态呈现教材数据，让知识形成产生深度思考”“动态呈现教材情境，让知识思辨产生高质效果”“动态呈现教材活动，让知识探究产生思维碰撞”，例如，在三角形三边关系中，我们动态化呈现数据，将原有的4组数据变成了10组，这对演绎推理有着深远的意义；在乘法分配律一课中，我们抓住了其与乘法意义的链接，动态化呈现情境，引导学生深度理解规律；在活动组织上，我们也动态化呈现相关材料，通过多样化的材料，帮助学生建构非零测量的核心。这些都是通过我们在文献搜索、查阅和学习过程中产生的灵感，更是对其分析得到的新的启发。因此，有时文献的阅读是我们新研究、新写作的起点。

可见，文献阅读与综述是我们开展科学研究的基础，这是我们必须掌握的技能之一，如果我们懂得一些小技巧，那么便可事半功倍了，这就大大增强我们研究的科学性、便捷性和深度性了。

问题 11：如何建构课程理念参透的内涵？

先进的课程理念和最新的课标要求，都是我们课程实施的向导，那么我们应该如何将所学转化为教育教学的智慧落实到课堂教学中，这是很考验我们一线教师的。例如 2022 年版新课程标准较 2011 年版有了一些变化，突出了一个核心：素养导向；两个重点：学习逻辑与情境视角；三大变化：跨学科综合性学习、学业质量标准和课程内容结构化；四大重点："三会"的理解与转化、大单元教学、整体观念（一致性）和教学评一体化。那么我们该如何进行解读呢？又该如何将其运用于教学实践中呢？作为一线教师我们更需要的是易懂、易操作、易模仿的东西。因此我们必须将这些内容变成自己的认知，并建构自己的理解体系，把它变成了自己能做的事情，且是能做好的事情。

在实践中横向比对建构大概念

教学实践既是生成问题，也是建构自己理解体系的重要媒介。在 2011 年新课程标准颁布后，我们小学数学界对于课型的研究也是非常风靡的，例如曾在很多教研活动中都是以计算教学、概念教学和复习教学等专题开展的。因此，我们如何将把学习中得到的启发和思考运用于实践中呢？针对当前这些研究的热点我们是怎么理解的呢？又如何用自己的理解去诠释呢？通过这些课程理念的学习，笔者在复习教学和概念教学都有了一些自己的见解，概念教学不应该是聚焦于文字的记忆和理解，更要让学生转化为自己的理解。因此在学习过程中理解、辨析、感悟、反思这些可能都是不可或缺的，就是要帮助学生让概念与原有认知建立联系，完善自己对概念的理解。也因此后来有了《小学数学概念教学要有"轻"有"重"》一文，提出了概念教学的三个层次，并结合相应的教学案例列举说明，针对概念教学不是均衡用力的，有些情况下要侧重概念的引入，有些要侧重概念的形成，有些则要侧重概念的发展。这一见解就是在教学实践中的横向比对中产生的，通过多个概念教学的课例发现了其中的特征和内涵，提炼出了自己对概念教学的理解，也是自己对理论学习、理解和转化的过程，更是自我认识的内化过程。经历了这样的深度思考过程，你会发现自己的认知会有大幅度提升，而且是跨越式的进阶，你看问题的角度、思考的深度都是有别于一般人的，所以这样的内涵建构具有巨大的价值。

在思辨中纵向延伸建构大概念

思辨使我们将先进理念转为实践的精神指引。因为只有独立的思考习惯与能力，才对别人提出的观点带有“批判”眼光，而不是人云亦云，也不思索如何内化为自己对问题的看法。曾有段时间，我们有非常多关于教具、学具、数学魔术等在小学数学课堂中的应用研究，在各大营利性的教研活动中更是把这些课程吹得天花乱坠。因此我们很多地区也将这些课程引进课堂中，但是在实施过程中，笔者总觉得少了点儿什么，那就是数学“精神”，例如教具或学具的使用，确实给我们课堂带来很大的变化，学生们动起来了，通过亲身体验对数学知识有了深刻的理解，但是这就足够了吗？其实不然，我们还可以做得更好，教具和学具这些都只是学习的工具，它们就像是学生们学习的拐杖，如果要让学生能直立行走，且走得更远、更好，那么我们还需要帮助学生慢慢地去除这一拐杖，让他们真正地学会学习，真正地能学会迁移，真正地学会思考。因此笔者参加一次有关工具在课堂教学运用的教研活动后撰写了《数学教学追求：从“用”工具到“弃”工具——以“周长（拓展课）”为例》，在文中笔者提出了这样的观点：工具的恰当使用肯定是撬动了课堂的深度发展，但是如果从学生的能力层面上来看的话，仅把工具当成工具肯定是不够的，我们要站在帮助学生建立一个立体的学习习惯和思考方式的视角，那么从“用”工具到“弃”工具应该是必然的过程，也就是学生最后是可以转化为数学的思考方式，借助画图等方式去解决问题，这才是高阶思维。这一大概念的形成是不是别具一格，那是因为我们始终具有一种思辨思维看问题、想问题、解决问题的能力。

在积累中多向综合建构大概念

教材的研究也曾经是一个热点，但笔者发现我们的教材二次开发的研究大多聚焦单向研究，要么是基于多版本教材的对比研究，要么站在从教到学的转变的视角，把教材当成教师和学生间联系的桥梁研究少之又少。但是在当下，这个话题实际上具有非常高的价值，我们的教学不应该只强调以教师为中心或以学生为中心，我们应该站在学习逻辑这一更高位的层级思考教材的使用问题。也就是说我们不能单独从教或学的视角去做教材二次开发，而是要通过教材的二次开发，让教师、教材和学生成为一个和谐体，相互作用、相互制约，从而教师对教材有敬畏，学生对教材有深度理解，这才是我们正确的教材处理观。在多年的积累中，笔者发现要让教材从静到动，让教材本身都会“说话”、能“说话”。因此提出了教材内容动态化呈现的观点，并尝试在实践中探索其合理性、可推广性，后来撰写了《动态使用教材使知识生成“活”起来》一文，大致讲述的就是如何动态化呈现教材的情境、数据和活动等，让它们与学生产生深度对话，使得学生的学习过程是浸润式和深度式的。这样的理念的思考是多向综合型，我们在教学实践中，通过多年的积累和思考，发现了教材使用上的一些新思考，那么形成了一个概念，变成了我们的研究，最后又衍生出了许许多多的论文，这就是我们对理念的理解和独特见解。

先进课程理念是我们教学实践的前提，我们要敬畏，我们更要去理解和转化，这一过程可能产生了许多问题，它就是我们的研究主题，是我们论文的素材，也是我们独特思维形成的媒介。因此，从课程理念到教学实践的落地，往往就成为我们教师专业发展的重要平台了。

【例文】

数学教学追求：从“用”工具到“弃”工具

——以“周长（拓展课）”为例

深圳市宝安区西湾小学 陈永畅

近期十分有幸参与宝安区小学数学课堂教学展示与比赛活动，观摩了几节课，其中笔者对于黄力老师执教“周长（拓展课）”一课兴趣异常浓厚，这是因为：其一他那恰到好处的“学具”让笔者耳目一新；其二他的课与笔者提倡的“工具撬动课堂改革”这一理念契合度百分之百。此课对于仅有几年教学经验的黄老师来说，无论是教学设计还是执教过程已经无可挑剔，但是站在数学本质内涵的角度思考，笔者总觉得少了一点儿什么？是的，少了一点儿数学本身的“味”，也就是对于数学思想的渗透与提升，因此对于工具的使用有几层境界可能是需要我们不断深入思考的。

第一层境界：“工具”固然为“工具”

数学具有高度抽象性，因此学生觉得数学“难学”，教师则觉得数学“难教”，面对如此窘况，作为师者又该如何在直观性与抽象性间搭建起一座桥梁，让学生恢复和发现抽象的数量之间的直观形象呢？其中学生动手利用“学具”，教师有针对性使用“教具”便可在很大的程度上缓解或突破这个难题。

“周长（拓展课）”是让学生在体验图形的变化中周长不变这一“变中有不变”的道理，对于三年级的学生要理解其中包含的数学内涵是有一定的难度的，那么如何让学生借助直观、可见的学具来帮助理解，从中去深刻地理解个中缘由和发现其中的规律，这里黄老师借助学具让学生开展活动一体验。

活动一：为了维持周长不变，我们可以拆走哪一片？

活动要求：(1) 拆：利用手中的学具拆一拆。

(2) 想：一共有几种拆法？

(3) 说：操作完后和同桌分享交流。

①	②	③
④	⑤	⑥

师：根据刚才求图形周长的方法，要是保持周长不变，我们可以拆走这6片中的哪一片？

生：可以拆走①③④⑥中的其中一片，少了两条边，又多了两条边。

师：少2补2。

这里学生人手一副学具，操作的过程能边拆边思考，边思考边验证，当遇到问题时还可以用学具拼一拼、数一数，这个过程对于孩子来说是非常抽象的，而且有了学具的辅助就变得非常具体了。因此能较快得出其中的规律，这便可见“工具”的优势所在了。小学阶段学生的图形表征特点突出，而此处的设计能让学生在没有任何的空间构图基础时有这样的一个脚手架，不仅能帮助其求得图形周长，更能进一步地发展空间观念。

第二层境界：“工具”上升到“理解”

在教育教学的过程中要提倡多使用“工具”，但不能过于依赖“工具”，回归本源，它仅是为了帮助理解而来。这点黄老师也非常注重，因此有了如下的设计。

活动二：为了维持周长不变，我们可以拆走哪两片？

活动要求：(1) 挑战：我可以不动学具吗？

(2) 记录：将找到的号码组合记录在学习单上。

(3) 思考：这些拆法之间有什么联系？

①	②	③
④	⑤	⑥
⑦	⑧	⑨

师：这个图形要维持周长不变能拆走哪两片？

生：①②、②③、⑦⑧、⑧⑨、①④、④⑦、③⑥、⑥⑨。

师：这些是少 3 补 3。

生：①③、①⑦、①⑨、③⑦、③⑨、⑦⑨。

师：这些是少 4 补 4。

这个环节明显比上一个环节难度加大了，而且鼓励学生挑战不动学具，这就是使用“工具”的最高追求：使用它其实是为了不依赖它。也只有真正地摆脱了“工具”，学生才能真正地理解这个设计，从学生的分享中，也可以看到大部分学生是理解的；但是如果脱离了工具，可能就说不清，或者说得不好，因此学生还得站在工具的脚手架上，唯有这样才能够了解这个知识的核心。但是他们并没有学会去寻找别的替代品或者通过思考的方式来形成自己的获得，因此这样的设计也仅仅停留在“理解”的层面上，还达不到运用和拓展的思考方式。

第三层境界：“工具”跨越成“思维”

开篇时，我曾提到这节课似乎少了点儿什么？从后面学生回答如何“变中有不变”这句话的互动中可以看出学生还只是停留在第二层境界，不仅没有领会“变中有不变”的内涵，更没有参透数学思想“转化”的本质，所以说这个设计还未达到让学生在操作过程中形成思维，更未达到让学生借助工具去撬动学生思维的发展这一目的。说到这里，笔者想到第三个环节设计就不能再重复上两个环节的操作流程，而是要基于以上的基础让学生在此时真正地“抛弃”工具，从而形成思维。因此此处笔者会如是设计：

活动三：为了维持周长不变，已经把①②拆走，如果再拆走 2 片，有几种方法？

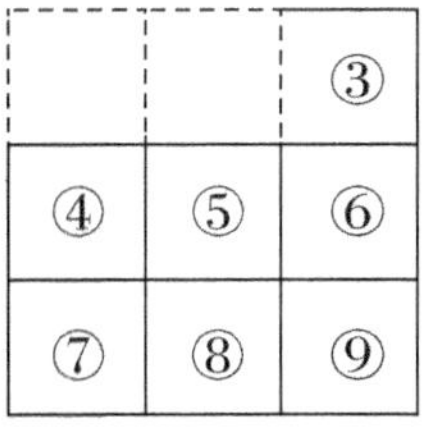

活动要求：(1) 画：不动学具，用画的方式来完成。

(2) 记：在图上标记出拆与没拆的变化。

(3) 想：为什么拆走它周长不变？

（4）说：借助你画的图给同学讲清楚你的思考。

这样的设计或许能让学生根据以上工具的使用找到方法，更主要的是自己动手的“画”才是学生“思维”的深层发展，这个经历过程肯定是要比借助“工具”来得更深刻，然后再经过学生的分享交流，师生共同梳理出“转化”这个数学思想，这样学生不仅学会了利用辅助线，更学会利用“转化”这一工具把问题简化、直观化、数学化，这就是学生思维的形成全过程。经过这样的学习，学生遇到问题了，才能找到相应的方法去解决；碰到困难了，才能思考用什么样的方式去化解。当然这是学生学习的最高境界，也是我们一直追求的课堂，也是我们数学课堂“深度学习”的核心部分。

第三章

怎么写

——表达需要深思

在很多教师的心目中，写作是最难的。这可能跟我们很多人的受教育过程有很大的关系，在求学期间，并不是所有人都擅长写作，甚至很多人都有惧怕或畏难的情绪，写作这件事便慢慢地成为专业发展的障碍了。因此怎么写便是我们教师们最关注的问题，也是笔者与大家交流的重要话题。

其实，教育写作并不像我们想象的那么难，我们怎么说的就怎么写，有感而发即可，但是一定要有深度的思考和独特的视角，也就是说，我们要表达的文字一定是能引发他人思考或启发的，也一定是能让人读完产生共鸣的。那么掌握一定的写作技巧，从模仿到自成一体，逐步地形成自己的写作风格便水到渠成了，这就是所谓的熟能生巧，当我们写得足够多，想得足够深，那么文字便能在你的笔尖下顺流而出。

问题 12：如何规避教育写作的误区？

教育写作是可模仿、可提高的，这是很多一线教师没有意识到的问题，大家常常把教育写作与文学作品创作混为一谈，因此便用文学作品的标准来衡量我们的写作水平，面对写作时畏难情绪就产生了，所以还没有开始尝试就已经结束了，这就是当前很多一线教师的教育写作现状。而笔者在教育写作探索中发现，其实是我们教师走进了教育写作的旋涡或误区，把教育写作当成了“写作文”，不敢轻易下笔，更不敢轻易成文。那么，我们该如何避开误区打破这种僵局，让教育写作成为我们教师的日常习惯、变成我们教师的教育生活的一部分呢？

误区一：把教育写作与文学作品创作混为一谈

文学作品更强调典雅的文字、优美的语句和韵味，所以文学作品中更重要的是修辞手法等的运用，让文字变得可读性强，而且是一种享受的感觉。而教育写作实际上不需要这么严苛，它主要能交代清楚事件的来龙去脉，并说明事件带给我们的启发，或是我们对问题独特的看法。因此，教育写作在写法上，尊重我们原来是怎么说的就怎么写、怎么想的就怎么记、怎么做的就怎么写，也就是说我们在教育写作中可以用“教育教学事件+反思”的格式来记录我们的教育教学思考，这是案例式的写法，因此一般案例的写作包括“标题+背景+事件+反思”四部分。而论文的写作我们可以从回答以下几个问题入手，即“为什么做这个研究（缘起）”“这个研究是什么（定义）”“在实践中是怎么做（策略）”“起到了什么成效（效果）”，我们也常常用问题的提出、问题的界定、问题的解决、问题的展望四部分来架构我们的论文格式。当然，还有许多写作的格式，我们可以通过学习、模仿知网中的一些优秀文章，搭建属于自己的文章框架。

我们把教育写作定义为是对事件、理论或实践的判断与理解，它不像是单一的记叙文、说明文和议论文等文体，它更像是记叙文+议论文（案例写作）、说明文+议论文（论文写作）的结合体。那么这样的文章一般都采用夹叙夹议的形式，在事件的交代中要有自己的思考，也要有自己的立场。所以它不需要像文学作品那样去营造意境、设置悬念打造文字，只要真情实感地把事件说清楚，把自己的思考说明白即可。如果你想尝试教育写作，那么现在开始必须先改变观念，经历从不会到会、从不懂到懂、从不敢下笔到先记录事件的过程，有了文字的积累，就能汇成一篇具有深度思考的文章了。树立正确的观念，教育写作不难、不可怕，只要勤于动笔、善于发现、乐于思考、敢于质疑，文章便能无处不在。

此外，教育写作一定是想到就要记录，很多精彩的思考都是稍纵即逝的，如果我们没有把握好时机记录下来，可能转身就忘得一干二净了。不求一步到位写成一篇可发表的文章，但是可以将这些素材记录下来，当有一天再回头看时，说不定就有了新的思路，用一个比较深刻的主题将这些素材统领起来就变成了一篇有价值的文章了。所以，它同样不像文学作品创作要一气呵成、浑然天成，它是我们教育教学生活的点滴记忆与回顾。

误区二：主题选取喜欢“大而全”

写作主题或核心观点不要贪大、贪全、贪新，更不要贪热点，要真正地做到这一点并非易事。笔者在收到很多教师发来需要帮助的文章时发现，我们的教师很喜欢跟着当前的教育热点来撰文。例如，曾有教师发来一篇题为《巧用兴趣教学法，构建小学体育高效课堂》的文章，这位教师用了一篇千字文来讲述这样的观点，但是我们知道兴趣教学法和高效课堂，这是两个非常大的概念，可见这位教师的选题是比较大而泛的，很难聚焦核心问题展开论述。又如，也有教师喜欢用“核心素养背景下……”这样的前缀来作为标题，实际上这样的标题作为我们一线教师来说很难写好、写通透，把它作为一个课题研究的题目或是高校专家的论文题目可能会更合适一些。所以我们一线教师不妨把主题选择的调子降下来，用一些通俗易懂的、浅而易见的主题，比如：“学、练、研”新教师成长三道关；巧用工具，关注细节，打造简约而又有深度的数学课堂；让绘本与数学教学的融合更科学——数学绘本使用中应注意的三个问题；从教材的视角审读“数形结合”在运算教学的内隐价值等。这样的主题小而精，适合我们一线教师下笔，我们有大量的案例可支撑我们的写作，能将这些问题写透彻，用一个小话题引出大道理，这样的文章恰好就是以小见大、真正地适合我们一线教师阅读和学习的。

误区三：论点与论据关系不紧密

有些文章读起来如同嚼蜡般无味，整篇文章不像是一个整体，更像是东凑西拼的一个组合体。这其实就是我们的教师陷入了另一个写作误区，没厘清论点和论据间的关系，或者是支持核心问题的观点并不具备因果关系，更没有相辅相成的关系，它们是割裂的，只是文章需要，才凑合在一起变成了一篇文章。如曾有教师给我发来《基于课堂环境下小学数学深度教学资源设计策略探讨》一文，文中用“充分利用教学资源，改善课堂整体环境”“注重自我能力提升，改变课堂语言环境”等作为论据，我们如果再仔细地研读这几个论据和标题中的核心观点时，不难发现这几个论据如果放到另一篇题为《把握几个技巧，优化课堂环境》也是同样合适的，这就说明作者文章中的论据和论点并不是缺一不可的，它们之间并没有必然关系，而且我们也看到了这个标题的核心词太多，有课堂环境、深度教学、资源设计和策略探讨。由此，我们的论据要回应的就会变得更多，所以在一个标题中尽量不要超过两个核心词，这样才能更加聚焦论述我们的核心论点。

如我们曾撰写过题为《聚焦“关系”链接，建构“问题解决”模型——以北师大版数学一年级下册〈回收废品〉为例》一文，我们标题中突出的是问题解决类似的课型，我们关键在于帮助学生建构数量关系的理解，并形成相关的解题模型。因此我们用“动态呈现，制造条件间的冲突‘关系’”“分类提炼，梳理问题间的联结‘关系’”和“深度学习，体验策略间的模型‘关系’”三个论据，体验策略间的模型“关系”，问题提出、问题分析、问题解决和问题链接一气呵成，带领学生一步步地理解问题解决的关键要素，明白了条件与条件之间的关系，条件与问题间的关系。三个论据都是围绕着核心论点来展开的，都是帮助我们证明论点的科学性的。

将这两篇文章对比一下，可见论点和论据密切关系的重要性，只有当这两者相互依附、不分彼此，才能真正地读出味道，这样的文章才能让人耳目一新，才能让人聚焦、思考和迁移。

误区四：写作体例不清晰

我们有些教师的写作是凭感觉的，是随意、随性记录的，这也并非不好，只是有些时候这样写出来的文章有点儿“四不像”，有些内容读起来像是教育叙事、有些内容又像是教学案例、有些内容又更像是教学论文，而且写作的人称也容易混淆，一会儿第一人称、一会儿第三人称、一会儿又第二人称。这最主要的原因在于教师们对写作的体例不够清晰，只是把想到的记录下来而已，没有搭建框架的思维，也没有论证的思想，因此这样的文章可读性就不强了。曾有教师发来题为《如何培养小学生的数学思维》一文，文中提到了四个培养重点，分别为：养成想问题、问问题的习惯；形成和思考的过程比总结公式更重要；放手课堂，锻炼孩子挖问题和延伸问题的习惯；数形结合，理解算理。从四个小标题来看，我们也会觉得这个文章既像是一篇教学案例，也像是一篇教学论文，主要是这四个小标题语言的表达风格不统一，也比较随意，内在的联系也没有体现出来。此外，这篇文章的内容也有些混乱，让人感觉像是一篇叙事类文章，也像是一篇案例式文章，因为这篇文章缺少了理论性、总结性和议论性的语言，更多的是陈述性语言。由此，如果是一篇教学论文，那么它更多的是使用一些总结性的语言，举例时再使用案例式的描述语言；如果是一篇案例式文章，更多的是使用陈述性语言和叙事式语言；如果是一篇叙事性文体，那么它就类似写记叙文一样，交代清楚事件发生的时间、地点、过程和思考。所以写一篇文章前，我们首先要给我们的文章定位，我们是以教学论文的形式，还是教学案例，或者教育叙事等形式呈现呢？有了定位，我们才能有正确的语言表达方式，让读者感觉到文章的专业性和科学性。

克服教育写作的畏难情绪，正确地认识教育写作，走出写作误区是我们一线教师最需要的，如果我们能规避上面的几点，真正地掌握一些写作的小窍门，那么我们的写作过程便能避免出现一些低级的错误。由此看来，我们的教育写作是不是可提升、可模仿和可练习的呢？现在我想答案都在大家心中了。

问题 13：如何制定论文写作的流程？

做任何事情前，如果先制定好做事的流程或规划，我们会发现无论是效率还是质量都会大幅提升。相反，如果我们做事随心所欲，没有计划，那么总会茫无头绪，达不到预期的效果。论文写作也是一样的，如果我们对论文有规划、有框架搭设意识、有论文价值预设，那么我们在下笔时便会显得游刃有余。那么论文写作有什么样的操作流程呢？可能每个人都有不一样的习惯，笔者习惯于按照“初步提炼主标题—搭建子标题框架—寻找合适案例—撰写并整合文稿—修改提炼主标题—润色及修改文稿”这样的操作流程来撰稿。当然在将教学实践转化为文稿时，我们也常常按照“教学实践（遇到什么问题）—聚焦问题（想怎样解决问题）—寻找依据（可以怎样解决问题）—再次实践（是否有效解决问题）—提炼撰写（厘清问题与方法）—修改成稿（突出问题特色思考）”六步曲的操作流程进行文稿撰写。下面我以第一种写作流程来列举。

初步提炼主标题

笔者曾接到编辑部有关教研组建设的约稿，经过讨论和思考后，我发现教研组的建设的核心是教研组长的培养，因此我就把这次论文的主题聚焦在教研组长的领导力提升，初拟了标题为：学科教研组长领导力提升的关键。这个主题想要表达的就是在一个学科教研组建设过程中，教研组长将起到非常关键的作用，特别是教研组长个人领导力的提升，是关键中的关键。

搭建子标题框架

为了更好地对接标题的核心观点，我们从角色转换、教研设计和学科建设出发，从学科管理到学科引领，从简单卷入到深度互动，从被动贯彻到自我规划三个方面搭建子标题。这三个方面是教研组长最需要的关键能力，一个指向自我定位，一个指向我们的教研载体，一个指向我们的学科建设构思，三者是相辅相成，并且应该是递进的关系，从小我到大我的进阶过程，完成了学科组的建设。

寻找合适案例

在教研活动设计上我们是需要合适的案例来支撑的，这样才能有理有据、有理论也有事实。因此我们选取了四个案例，即指向教参解读的校长“诊断”共同体、指向质量保底的教研“四部曲”、指向能力提升的专题系列活动、指向综合素养的比赛课程设计。这四个案例非常接地气，它可以指导我们的教研组长进行教研活动的设计，而且是可以直接仿照和迁移的。

撰写并整合文稿

有了框架、案例和一些理论支撑后，我们就需要进行整体文稿的撰写和整合了，撰写是因为我们要将一些观点表达清楚，这是需要重构的，也有些案例可能是原来在自己的储存仓中的，那么就可以直接拿出来整合了。但是这个过程一定要注意不是简单地拼凑，而是有计划地整合，有些文字在整合中还需要调整和修改，一定要注意整体的表达效果。

修改提炼主标题

有了一个整体的文稿后，我们如果还是以“学科教研组长领导力提升的关键”为标题，显然不能全面概括，更重要的是没有特色，且不能很好地表达出核心观点。因此我们把标题改为了“主标题+副标题”的形式，即“专业引领，让教研从卷入转向深入——寻找‘着力点’提升教研组长领导力”，如此一来一主一副能互补，而且主题鲜明，与小标题更加契合，更能反映出我们的核心观念。

润色及修改文稿

这是成文的最后一个环节，也是最重要的环节，文稿形成后，我们是需要不断修改、反复斟酌的，有些语句可能语态不对，有些文字可能有些多余，这些都是需要在反复的阅读中修正的，当然一般大的框架是不需再修改的，因为这个是我们写作前就深度思考和几经打磨的。有些教师也习惯把修改后的文稿给我们语文老师或有写作经验的教师审核一下，这也未尝不可，但是自己也一定要先修改一轮，把一些常见的问题修改后再给别人来阅读，这样也是更尊重人家。

有了这样的一个完整的写作流程后，实际上可以节省我们的写作时间，因为流程化的文章更为通顺，修改也无须太多，往往质量都属于上乘，大家可以看看下面我们列举的这篇文章的全文是否如此。

【例文】

专业引领，让教研从卷入转向深入

——寻找“着力点”提升教研组长领导力

深圳市宝安区西湾小学　陈永畅

学科教研组是学校教学管理的基本单位，也是教师集体开展教学研究、深化教学改革、提升专业能力的基本单元。教研组长则是学科教学的引领者、教学研讨的指导者、教研活动的组织者、学科建设的规划者，是学科组建设的核心与灵魂，决定学科组的发展方向。因此，如何在倡导核心素养和学科育人的时代背景下，探索教育研究与课堂教学的有效路径、挖掘学科组教师的潜力和发挥各自的优势，学科教研组长扮演着至关重要的角色，也肩负着引领学科组教师站在教研中央的责任担当。

一、角色转换：从学科管理到学科引领

在学校的管理层级中，教研组长也是学校对教师实施管理的重要一环。因此在许多学校当中，教研组长的作用在于上传下达，扮演着组织者、协调者和管理者的角色，疲于且被动应付学科教研组的相关事宜及学校布置的任务，缺乏自主创新和学科领导能力。造成了我们的教研组存在如下问题：教研工作的随意性很大，处于无“法”状态；教研组发展方向不明确，陷入无“向”处地；教研组持续发展动力不足，濒临无“力”困境；教研工作缺乏评价机制，陷入无“效”循环。从而我们看到教研工作的开展和教研活动的组织，常常是研而不深、研而不透、研而无趣、研而无获。作为学科教研组的领军人物，不仅要引领价值取向，更要统一战线，让学科组的每位教师发挥其重要的作用，并在学科组内各放异彩。面对如此复杂又富有个性化的问题，教研组长就不能单纯地以“管”来作为主要的手段，更多的是需要通过专业的引领，实现“服众”并带领大家向一个方向前进，因此实现从学科管理到学科引领的角色转变便尤为重要。那么如何真正地成为一个学科的引领者呢？

（一）学科发展方向的舵手

目标确定发展的高度，只有明确的目标才能制定适合的规划路径，从而为之努力。在学科组中，每个教师都是有个性的，每个教师都有自己的思想，那么教研组长要成为这艘船上的舵手，将大家拧成一股绳才能围绕一个点不断地做大做强。

（二）学科专业能力的头雁

如果教研组长本身不具备较强的专业能力，他最终只可能成为一个事务性

的管理者，达不到专业的引领。因此，教研组长需要有全面学科知识、新颖教育理念、扎实教学技能和独特教育思考能力，更需要具备教育教学质量提升有方法、课堂教学设计有点子、学科文化建构有路径等能力。只有以身示范，才能在学科组中有说话权，从而引领教师的专业发展。

（三）学科培训课程的导师

课程设计直接影响教师参与培训的效果，而教研组长就是培训课程的设计者，根据学校教师的需求和学科的建设重点开发系列的课程，有针对性地提升教师的专业水平，那么可能教研组长也要成为教师的导师，或者借助外力进一步地提升课程的有效性和参与性，真正地为教师服务。

二、教研设计：从简单卷入到深度互动

教研活动的设计是直接体现教研组长能力的重要因素，教研活动的开展不能总停留在“有”，即有教师参加这种简单的卷入式，而是应该发挥教师的自主能动性，充分将教师卷入后进行深度的互动，从简单的卷入走向循环的深度互动。我们则是分层、分阶、分时地进行课程的设计，实现人人的精彩生长。

（一）指向教参解读的校长“诊断”共同体

年轻教师如何读懂教参，并围绕教学目标开展教学活动是存在较多问题的，因此我们建立校长“诊断”共同体。通过邀请同学科教师代表、跨学科教师代表进行观课，然后在议课阶段各位教师根据教参和观课的思考从目标预设、主线设计、环节设计、结果达成等要素展开提问，执教者再反观自己的教学过程和教参的初次理解一一回答，最后由资深的同学科教师“诊断”课堂和解读教参的内涵与细节，让每个教师能重新审视教材和编者意图。这样的教研活动设计主要是能让教师在互动中进一步思考保底的教学流程，更能挖掘教学的基本内涵，实现教学的“常态”与“效率”。观课者要提问，执教者要随时应对，这就是双向的思维碰撞，这样的共同体建设既能保证教师对教参的解

读，也能保证教研的实效性和深度性。

（二）指向质量保底的教研“四部曲”

教研活动需要有相对固定的模式，这样能保持学科活动的持续发展，也能使得教研活动的承接性更强。因此，我校以读书分析—教材解读—互动交流—工作布置“四部曲”固化教研的基本形式，从而使得全体教师从卷入深入发展。这样的教研活动设计是每位教师都需要参与进来的，或读书分享，或教材解读，或对教学设计修改提出深度建议，将每位教师的积极性都调动起来，前期教师要做准备，要去研究就是对教学的进一步思考，人人参与，而且是人人深度参与的活动，就能收获意想不到的奇迹，提供了不同的淬炼平台也使得教师的表达能力、思考角度等都突飞猛进地成长。这就是指向了质量保底，更是充分激活教师的教研活动设计。

（三）指向能力提升的专题系列活动

教研活动的设计不能过于零散，而是要更具有针对性，因此教研组长要对教师的需求和能力了如指掌，才能有针对性地提升教师的能力。我校曾开设教材解读、专业成长、教育写作、课题研究等专题，这些活动的设计都是有时间性和针对性的。例如，教育写作专题，我们从如何写教学反思、如何积累写作素材、如何选取写作视角、如何进行论文撰稿等系列化的活动，来提升教师从素材到论文成果的转化能力。再比如教材解读的专题，我们会从教材设计意图分析、教学活动设计、课堂实践研讨、课后反思研究等系列活动，提升教师的教材解读和教学设计能力。因此有主题、有方向的活动设计，就是针对教师急需提升或改善的。

（四）指向综合素养的比赛课程设计

比赛是教师迅速成长并实现弯道超车的平台，那如何基于赛场的磨砺来提升教师的综合素养？又如何借助比赛的前期准备使得教师培训效果最大化呢？课程设计则是至关重要的。以我校教师参加区教学基本功大赛为例，我们的参赛教师平均教龄不足3年，却能实现10个学科全覆盖获奖，且有4个特等奖、6个一等奖，究竟有什么奥秘？我们备赛第一阶段：自我规划，实现自助。教师根据自己的特点制定备赛推进表，什么时间研究教材，什么时候拿出竞赛初稿，什么时候备课组内实践，什么时候学科验收都一目了然。第二阶段：实践反思，寻求互助。从校领导到处室负责人，每个人都要成为教师发展的竞赛教练；从科组骨干到雏鹰教师，每个人在竞赛团队中担当不同角色；从团队组长到参赛教师，再到后备教师，都要全过程参与其中和增强同辈合作和将团队智慧落到实处。第三阶段：针对“痛点”，实现共助。教学设计如何凸显亮点并突破教学之困？如何能在多种情境中应变自如？如何说课呈现得更加深入人心？这些都是参赛教师亟须解决的，因此，我们还借助校外专家设计教师生长性课程，让教师在训练中不断突破，赛场有备无患。最后，我们还根据教师训练后存在的问题进行有针对性的练习，并在模拟的情境中进一步地提升个人能力。

三、学科建设：从被动贯彻到自我规划

教研组是一个专业学习共同体，更是教师们以合作伙伴为目的建构的组织关系，因此教研组需要建构专业自治体系，并非一味地执行和操作高层的决策，被动地贯彻与落实，只会让专业组织失去其内生的专业力与凝聚力，作为“自组织”则需要教研组领头人对学科组的规划与设计。

（一）短期设想与长期规划结合展开

根据校本文化和教师特点确立学科的发展规划、共同愿景是学科组建设的基本保障。因此，教研组长要带领全组讨论制定学科短期、长期发展规划，并制定具体的工作计划，然后举行一个正式的仪式，让全体教师卷入规划的制定，从而使得规划深入每个教师的心里，保证全员主动参与，抱团发展。

例如组织参加比赛，并设计相关的培训课程这样的短期设计，让每位教师

都动起来，参与进去，重点打造比赛教师，更做好梯队的培养，那么我们要明确做到什么程度和哪些教师是需要重点培养的。长期的规划是我们的学科组的特色打造，例如是基于学科拓展课程建设还是借助课题研究打造校本化的教师培养模式等，全面地建构学科的整体发展。两者是相辅相成的，短期设想的积累就是为了实现长期规划，从而形成校本化的学科组特色，这些都是需要个性化自我规划的。

（二）重点问题与关键能力双向推进

学科组的建设是要围绕学校存在的重点问题和教师关键能力提升来打造的，这个过程就是不断优化学科组的场景和教师的专业素养；同时，提升教师关键能力可能从某个层面上又解决了存在的重点问题。因此在双向的推进中，实现了学科组的和谐、优质发展。例如，在我们新校普遍存在着课堂效率不高的问题，主要原因是教师比较年轻，缺乏教学经验。因此我们通过各种专业能力提升课程不断地优化教师的知识结构和能力基础，就能提升教学效果和课堂质量。这需要我们的教研组长看得见、想到法，从而再一步步地去规划，并在特定的时间里去一点点解决对应的问题，既提高效率，更增强效果。

教研组长要带领好科组，不仅要有过硬的个人专业能力、识才慧眼和用才策略，还要因人善用，全面了解组内每个教师的个性特长和兴趣爱好，促进优势互补，使每个人各尽其才、各展其志，实现人人得以发展，团队得以延续。由此，教研组长的领导力提升的关键就在于发挥每个人的作用，让每位教师站在“教研”中央，从被动接受到主动索取转变。

问题 14：如何做到“小切口、深挖掘”选好主题？

主题就像是一篇文章的眼睛，有一个好的主题，文章便成功了一半。前面我曾提到我们一线教师在选择主题时喜欢“大而全”，这也是一个通病，因为我们看到各大刊物、研讨活动等都会把“大问题”作为研究的重点，所以我们一线教师也容易跟风，随着我们的专家的一线热点做下去，但这时我们要切记，在选题时应该找“小切口”来着手，并且是往深处挖掘，不是横向发散。那么主题选取要实现“小切口、深挖掘”该如何处理呢？又有哪些好的切入口呢？笔者觉得下面几点很关键。

蹭“热问题”，讲实案例

杂志社的文稿刊发计划，一般都会跟随热点问题而定，例如 2022 年版新课标颁发，热点问题一定会是有关新课标的内容。但是这样的热点也往往是“大切口”，我们还需要从它的分支中切出一个小的分点，集中火力来展开论述，再辅以我们现实教学中的典型案例，这样的“热问题”就能真正地变成了“精问题”“小问题”了。从“热点”中切出小主题，这样的文章是深受编辑老师喜爱的，一是因为它具有时效性，当下大家都在集中讨论和研讨这个话题，因此它具有较高价值；二是因为它具有适切性，这样的文章更适合一线教师阅读，它没有高深的理论，但却有生动的案例和一线教师的心声；三是因为它具有指导性，有了鲜活的案例，说明教师们能模仿、易模仿，能真正地用到教学实践中去。所以蹭“热问题”，讲真实案例，再加上小的切口，这样的文章是当下一线期刊的必然产物。

曾有教师给我发来一篇题为《理清动态的概念，注重方法及联系——二年级下册第七单元“淘气的作息时间”研究案例》的文章，这篇文章基于

SOLO 理论，用知识结构化的思维来设计学习路径，而且这位教师使用了前测和后测，并实现了“实验—反思—修正—再实验”的学习路径进行对比研究。这篇文章本身很有价值，能指引一线教师从科学的视角看教学设计和学生学习路径设计，更重要的这是一个典型的实证研究案例。时间问题本身也是当前课标新增的核心词“量感”的研究领域，因此笔者将这个文章的主题改为“量感可见：结构化视域下学习路径设计对比研究”，这样文章的主题就聚焦在量感培养和学习路径的对比研究上，很明显主题清晰明了，通过标题我们就能看清本文的核心问题是什么，它的研究是什么，而且用一个完善、扎实的教学案例来解读和辅助理解，将这一热点问题讲通俗、说明白、悟深刻。

研“大问题”，写小事情

小切口并不代表我们就不想大问题、大观点、大概念，而是我们在这个大的视域下来审视我们的问题，所以一线教师一般要从大处着手，小处切口，这样的文章才能更贴近更多教师的教育教学生活。当然，在教育教学生涯中理论学习是必不可少的，我们就是要站在理论的高度来看现实教育教学，那么我们往往想问题时，一定要往高大上去思考；落笔时，又一定要依托现实教学中的生动案例来展开。例如我们经常把课标要求、核心素养、核心词、深度学习和教材解读等作为大视角、大问题，那么我们的文章一般就要从这些大概念中再抽离出小的视角来下手。数学课程要培养的核心素养是会用数学的眼光看待现实世界、会用数学的思维思考现实世界、会用数学的语言表达现实世界，那么我们如果把文章落脚点放在这“三会”，显然有些大，那么我们可以结合现实案例阐述如何践行“三会”，这样，我们的切口就变小了。

再如前面说过的笔者曾写过一篇题为《“猜”进了陷阱——以“抛硬币”为例谈我们的教学偏轨行为》的文章，这篇文章讲的是一个现实中发生的教学案例，大致是在一次公开课中，执教教师非常关注情境创设，营造了有趣的

“猜”的游戏，通过猜硬币的正反面、猜袋子中乒乓球的颜色来体验事件发生的随机性。在当时，有趣的情境创设是大家都非常推崇的一个论题，这显然是一个“大问题”，那么这样的一个热点，我们如何切入呢？课中执教教师在两个活动中，都过多地营造了“猜”的氛围，这样的情境会给我们的教学带来什么负面影响呢？于是笔者从另一个侧面质疑，情境创设固然重要，但是不能过了，或者说情境创设是建立在牺牲数学知识本质的基础上，这样的情境创设不要也罢，因此提出了这样的一个论题：情境创设与数学本质间如何取舍？后来笔者以这个案例为基础，记录了这一件“小事情”，完成了这篇文章，并发表在《小学教学（数学版）》。这就是立足于“大问题”，但又是写“小事情”的写作主题选取的路径。

挖“深问题”，做大结构

曾有专家提出，我们一线教师一定要找到属于自己的大概念，做研究不要总是东一锤子西一榔头的，而是要专注于一口井深挖，这样的研究才具有深度，才能称得上是成果。笔者近几年也开始聚焦一项研究：小学数学教材内容动态化呈现实践研究。那么我们从情境动态化、组织动态化和活动动态化三个层面来搭建研究框架，其本质是教材内容的动态化、知识形成的动态化、学生思维发展的动态化三位一体。针对这个问题我们往深处挖掘，并且是以结构化的思维来实施研究，我们构思了属于本研究的一些路径图和结构图（如图 3-1 所示）。

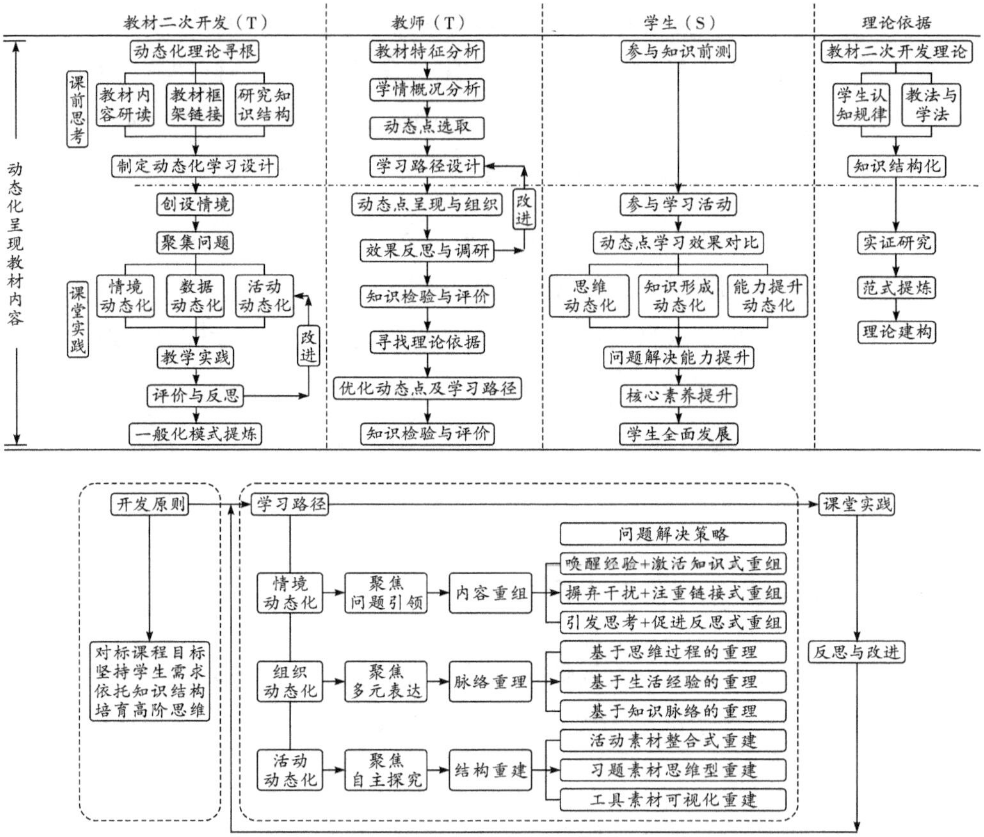

图 3-1

这里我们选择了教材二次开发的一个小视角，有关教材内容动态化处理，这是一个大概念下的小切口，然后我们针对教材内容开发进行纵向深挖。它指向教材的使用，这就是我们的主题选择的亮点所在了。同样用这种结构化的思维来做研究，问题才能迎刃而解，而且有了清晰的技术路线图后，我们的规划更有针对性，做事情的效率也会翻倍。其实这跟写文章有异曲同工之妙，写文章我们同样要有结构化的思维，这样的文章才有深度，才是真问题和深问题。

实际上，我们要做到“小切口、深挖掘”也不难，我们现实教学生活中处处都有小问题，都有研究的小切口，只是我们没有用心去观察、细心去琢磨、耐心去研究，看完这一章节，期待我们的教师能改变习惯，从我们的教育生活和教学实践中去发现我们的研究点、生长点和落脚点。

问题15：如何进行文本框架的搭建？

文本的框架搭建是一篇好文章的基础，它就如同一篇论文的筋骨，若没有清晰的框架结构，论文的内容就难以成形。因此，在写作之前构思好框架结构，将有利于观点组织、案例分配，也将使写作变得更加顺畅，读者阅读起来也更容易抓住核心。那么，怎样更好地构建论文结构呢？

理清逻辑+分清文体

文本框架的搭建首先必须厘清全文的逻辑结构，确定好逻辑结构后，全文框架也便能水到渠成。一般情况下我们的论文写作都是以三段式，即总—分—总的结构模式来撰写，先提出对核心论点的认识，再结合实践案例阐述论点，最后给予归纳总结并提出思考。当然对于不同的文体，其框架结构可能也有所不同。

教育叙事/教学案例："背景+事件+思考"，即先交代相关的理论背景，然后将整个事件陈述清楚，最后加上自己对这个事件的思考、看法。所以一般情况下没有严格的板块要求，而是一种类似叙事性的文体，更多的是陈述性语言。这是我们一线教师常用的写作方式，特别是在写作初期。

教学论文："问题提出+问题分析+问题解决+问题展望"，即类似经历一个问题解决的全过程，所以一般先交代为什么研究这个问题，这个问题属于什么范畴，有什么样的解决问题的策略，最后再谈一谈对这一问题解决的成效或展望。

学术论文："引言+理论基础/文献综述+研究假设+论证过程+研究结论+研究不足与展望"，这个跟教学论文也有相近之处，可能学术论文更加专业一些，因此一般都有一个完整的写作框架。这个文体，引用部分会比较多，对参考文献要求也比较高，特别要突出一个研究过程，当然这里有六部分的框架结构，我们也可以根据自己写作的要点进行调整，或减或加。

有些文稿我们也可以根据自己的一些框架结构来进行搭建，但是一定要具有特色，能将问题讲清楚，论据与论点间关系密切，具有可读性。

把握技巧+适切策略

在框架结构搭建上把握一些必要的小技巧，能找到适切的解决问题的策略是非常重要的，它不仅能让我们对文章有合理的布局，还能有条理地表达和论述。论文的撰稿有不同的方式：一种是按照有序的步骤，一层一层堆积的“砖混式”建构；另一种是先结构后内容、由表及里的“框架”建构方式。框架式结构更适合教科研论文，该结构的建构程序有材料准备、框架搭建、推敲修改等。根据论文的学科特点、复杂程度和个人的写作习惯来确定采用什么样的论文结构建构方式。因此这样的文章在撰写过程中如果有适切的策略，专业表达的层次就能不断地上升，那么具体有哪些小技巧呢？

善于提炼大小标题。大小标题的确立实际上就已经将文章的基本框架进行了第一次的搭建。任何文章撰写都需要这个策略，大标题和小标题就像一个目录一样，能给我们的文章不同部分增添标记，它既能提醒我们文章中各部分的写作核心，而且在组织内容时不至于偏题，也方便我们在文章修改时进行小范围的内容调整，而不影响文章整体的论述。如果说大标题是一篇文章的核心观点的体现，那么小标题则是对这核心观点的呈现与解读，形成一个“关系网”后，写作时就不会混乱，这非常适合一些对自己的逻辑思维能力不太自信的人。在提炼大小标题时，一定要注意具体凝练、言之有物、相互呼应和注重逻辑，这实际上就是一个文章的框架搭建过程了。

善于提炼总起段或总结段。总起段或总结段是我们提炼核心论点和搭建框架结构的经典手段。在不同板块的开头或结尾进行简要的点题、总结过渡，能承上启下与补充说明，并且能强有力地关联文章中各部分内容，形成逻辑上升结构，从而不会让论文产生割裂感，还能帮助作者进行阶段性的思路整理，让读者更清晰这篇文章的内容和深意，特别是理解作者独特的思考点。此外，总起段或总结段一定是对整个文章板块观点的解读或说明，它是对核心观点的分解，形成了相辅相成的结构。

善于亮明核心观点。论文要有别于悬疑小说，我们不需要故作神秘或者设置悬疑，因为读者的耐心往往有限，在阅读相对比较“枯燥”的论文时，我们需要尽早地把核心观点亮出来，让读者发现问题，有针对性地阅读并思考。也就是说让人先了解结果或者看法，那么就能激发他们思考“为什么是这样”呢。这也能调动读者的阅读兴趣，读者能带着主动性去揭示谜底，去寻找论据并对其是否能支持论点给出评价。有了观点后再通过通读框架中的小标题，基本上就能对文章的主要内容有些了解了，因此尽早亮明观点是框架搭建的一个指南针。

善于合理布局内容。在框架布局时，一定要保持论文各部分的体量平衡，尽量避免出现有些部分长篇大论、有些部分寥寥数语的情况。因此在内容布局时，就要求我们在进行数据收集、材料选取、案例的分配及叙述要合理恰当，这样就不容易出现有些部分深入、有些部分浮于表面的问题。那么首先在结构的体量分布上便可确认内容的均衡了。相反，如果出现了内容不均衡的情况，我们就需要考虑哪些部分要进行删减拆分，哪些部分又需要合并扩展。其实，这也就是帮助我们检查结构最直观的方式。

当然我们不能奢求所有的写作者一起步便踏上坦途大道，也不代表每一个人都必须经历一定数量的弯路。但是如果能在迈出步时，便掌握了论文写作的一些技巧，特别是能在文本起步时进行框架结构的规划，适宜的写作框架结构能为逻辑思维预设应有的输出路径，约束思维的旁逸，规范思考的行走态势。

问题 16：如何提炼吸引眼球的标题？

标题往往是文章的画龙点睛之笔，在它当中一般能看到作者想要表达的核心观点、创新举措和研究重点等，此外标题一定要让读者能留下深刻的印象，能真正地吸引读者的眼球。由此看来，要创作出一个“好标题”一点儿都不简单，它既要能概括出文章的总体大意，又要能或创新，或精练，或特别。当然，面对不同的文章体裁，我们的标题的表达也是略有不同的，例如教学案例或教育叙事，更多的是特别、创新或让人耳目一新；而教学论文、学术性论文，就更侧重突出扎实的理论表征，要突出标题的三大关键要素：研究对象、研究内容和研究方法，它可能不是直接的表达，也可能是概括性表达。那么有哪些相应的技巧呢？

围绕中心讲“故事”

这一技巧特别适合我们作为教学设计或教学案例的形式开展专业表达，它能将一篇文章内容统整起来，变成一个整体。例如笔者曾辅导学校一名语文教师参加比赛，后来让她将比赛过程的课堂实践整理成教学实录，并加入自己的教学反思，她交给笔者第一次的文稿时（如图 3-2 所示）并没有突出重点，也没有把本课的核心内容表现出来。这是一节儿童诗的学习内容，因此笔者将其标题改为《趣读儿童诗，趣写儿童诗》，而且其核心就是“诗”，因此我们又把小标题的写作方式改为：活动设计+目标达成，这样就能直接地将我们每个环节的事情说清楚，也把我们要达到的目标讲明白。后来，我们经常将这样的提炼方法让教师在说课比赛中运用，也收获到了很不错的成绩。

原稿		修改稿
《青蛙写诗》教学实录		趣读儿童诗　趣写儿童诗
一、知诗（导入）		一、猜字游戏中引出“诗”
二、读（熟）诗:	围绕核心做文章	二、师生朗诵中读熟“诗”
三、诗（懂）诗		三、韵味分享中读懂“诗”
四、当小诗人——“我也要写诗啦!”		四、模仿迁移中写出“诗”
五、写字		五、写字训练中巩固“诗”

图 3-2

现在我们是不是发现围绕中心讲故事是一种特别重要的方法，可能很多教师觉得做一名教师讲故事并非难事，但是我们的故事要围绕一个“点”来展开就不太容易，我们很多教师往往会讲着讲着就漫无边际跑题了，这就需要我们不断“回头看”，标题就是我表达的指向标，看一看标题就又能发现了自己的写作方向。再如，笔者曾以《聚焦“关系”链接，建构“问题解决”模型——以北师大版一年级下册“回收废品”一课为例》为标题，这个标题的核心是：关系建构和问题解决模型建立，后来我们在正文中用了三个小标题：第一：动态呈现，制造条件间的冲突“关系”；第二：分类提炼，梳理问题间的联结“关系”；第三：深度学习，体验策略间的模型“关系”。这三个小标题都是把“关系”变成了分论点的核心部分，又回应主标题核心的，这样就形成了一个整体，我们的文字表达就是完整的、有意义的、有价值的。再有就是这篇文章像讲故事般，情节是递进的、发展的，而且最后这个故事是一个完整的，它包含了故事的起因、经过和结果，用这样故事型的表达方式也是读者乐于接受并更容易产生共鸣的。

突出重点吸“关注”

在标题中直截了当地把重点表征出来，或者用一些吸引人眼球的提炼方式也是一种非常重要的引起读者关注的手段。例如笔者曾用《别让“标准答案”固化了学生的思维——一道习题引发的思考》《节外生枝也精彩——“30×30>31×29”的教学的启示》《让“迁移”思维之花开满脑海——由一道“错题”引发的启示》《一本“班级日志”打开孩子紧闭的心窗》《“折一折”也有大学问——基于“三角形内角和”课例的思考》《让绘本与数学教学的融合更科学——数学绘本使用中应注意的三个问题》等作为文章的标题，大家是不是不难发现这些标题都能让人抓住文章要表达的重点是什么呢？这里第一篇笔者要表达的重点就是“标准答案”与“思维发展”的取舍关系呢；第二篇则是从这个教学案例中关注我们课堂中的节外生枝的生成；第三篇要表达的是“迁移”这一数学思想方法在教学中我们一定不可忽略；第四篇的标题使我们对利用“班级日志”与学生建立的联系一目了然；第五篇反映的是在三角形内角和中的还有“折”的学问在，特别是有关钝角三角形的内角和的探究过程；第六篇则直接讲出数学绘本与数学课堂融合需要注意的几个问题。这些标题不仅把表达重点直接放在显眼处，更重要的是它们都具有一定的特殊性或特色性，让读者能明白意思，又有想象空间，这就是能吸引人的一个技巧了。

要突出重点还要能引发“关注”，这是很有难度的一件事。有些教师会觉得如果在标题中直接把重点表达出来，那么便很难具有特色表达或与众不同的表达方式。那么这里有哪些技巧呢？笔者觉得一个是叙事性元素，即以故事形式陈述标题；一个是抛问式，抛出能引起读者关注的问题；一个是变换常规的表达，例如，笔者曾用《“猜”进了陷阱——以“抛硬币”为例谈我们的教学偏轨行为》为标题，先是吸引读者眼球，然后再加上一个副标题进行解读和补充。不难见标题的撰写有很多可能，我们可以找到合适自己风格的专业表达方式去优化自己的写作历程。

提炼核心显“本质”

一篇文章，特别是教学论文的话，标题一定要更加专业、正式一些。那么这样的文章的标题就要突出本质，或者说一定要把研究对象、研究内容和研究方法体现出来。笔者曾用《动态化呈现教材内容使知识“活”起来》为题，这篇文章把创造性的教材处理方式与学生思维过程结合起来，这也是我们当前教学的最高追求；《家校社共同体：协同育人的教育新样态》一文则是表达了一种态度，家校社共同体是我校协同育人的新样态；《综合素养评价可视化：深化教育评价改革新路径》一文是直接把我们学校在可视化评价探究的重点突出了，也表达了这个是我们改革的新路径；《从教材的视角审察“数形结合”的内隐价值》，从这篇文章标题中可看出我们是做教材的梳理和研究，而研究的重点是“数形结合”，然后就是我们想挖掘出其内在的价值；《小学数学关键能力培养：媒介、价值与路径》这篇文章谈的是有关小学数学关键能力培养，这是一个很大的话题，然后我又将话题缩小些，加上了“媒介、价值和路径”，当然其侧重点是在路径的探索；再有笔者在谈有关学校教研组建设时撰文《基于学研型文化的教研共同体建设》，这也是一个突出我们文章本质和内涵标题的典型。

一般我写作的标题的字数都不会过长，控制在 20 个字内，那么这就需要我们有高度概括的能力，还要学会取舍，将相关的研究内容选择重点进行表达，所以我们要把核心的东西提炼出来，要把本质的东西挖掘出来。

题好一半文。好文章一定要有神，好标题要能传神。标题能传达文章的主旨思想，它也是内在美与外在美的统一体。因此好标题一定要贴切、准确、简洁、新颖。在提炼标题时，可以关注：一是提纲挈领、准确鲜明地表达文章的核心观点；二是大题小做，尽量切口小、挖掘深；三是简洁明快，善于总结概括、提炼升华，避免拖沓冗长；四是含蓄生动，遣词造句新颖独特，防止干瘪枯燥、平淡苍白。如此，我们便能真正地提升自我的总结能力、凝练能力和简洁的表达能力。

问题 17：如何选取独特的思考角度或切入点？

一篇文章中独特的思考角度或切入点是编辑老师最先关注的点，对于他们来讲，这是文章的品质所在，能给我们的文章贴上自己的“标签”，真正拥有属于自己独特的观点。这样的文章才具备了个性化的东西，而不是人云亦云。对于读者来讲，有个性化的思考也是同样重要的，这样的观点能激发新的思考，产生新的共鸣，也赋予了文章新的生命。那么，我们如何针对教育教学的素材选取独特的思考角度或切入点呢？

求同中向深度挖掘

当大家都在研究同一个事物，谁会引起别人的关注呢？其一就是要具有一定的深度思考，其二是要有独特的地方。例如笔者曾写过一篇文章《数学+绘本，让学生在故事中因趣而学》，当时也有很多数学绘本的相关研究，那么我的落脚点在哪里呢？我们选择了基于课例融合的视角，而且是将整个绘本改编、统整融入课堂的每个环节的研究，不再是作为导入素材或探究片段，而是一个完整的故事情节。再如《发展空间观念不妨循序渐进——吴冬冬老师“长方体和正方体的认识”片段思考》一文，我们的切入点是新课标的十大核心词之一：空间观念；但是我们又借助一个课例，用剥笋式、递进式的方式来阐述空间观念的发展，是为了往深处挖掘。这样的文章读起来就会显得论点比较集中，内容具有思辨性，能将读者带入自己营造的情境中。由此可见，我们一定要做到人无我有，人有我深，人深我特。实际上，也就是我们一定要关注的是找到与众不同的点，能想别人所想不到的地方。但这样的要求很高，需要我们长时间使用审辩性思维看问题，凡事需要多问几个为什么；另外思考问题时要培养反向思考的习惯，只有这样，才能逐渐深入地看问题、想问题和提问题。

求异中向广度发散

求异从某种意义上讲是用反向的思维方式思考问题，可能是正确的言论，也可能是错误的引导。为何这样的思考角度切入点会受到编辑青睐呢？最重要的原因是大家都习惯于正向的表达方式，很少质疑，更少有人提出问题所在；此外，大家都在追捧一个事物时，突然泼上一盆冷水，能让人更为冷静思考，对问题有不一样的思考。例如笔者的《“猜”进了陷阱——以“抛硬币”为例谈我们的教学偏轨行为》，在当时的小学数学界，情境创设已经成为一个讨论热点，而且都基本认为情境是我们小学数学学习的重要媒介，在这个时候笔者提出了“情境固然重要，但是数学的知识本质更重要”的观点，是不是更能引起“崇尚者”的冷静思考呢？这样的切入点编辑能不喜欢吗？再如笔者曾写过题为《老师，是谁“偷走”了您的微笑》的叙事性文章，这篇文章的内容大致是写笔者刚参加工作不久当班主任时用的是大哥哥式的和谐管理模式，当时发现班级管理不好，便借用了“老教师”的经验，把“严”的管理模式落实在后面的班级管理中，于是学生便很少见到了原来老师的微笑了，更多看到的是老师板着的脸。这样的管理方式好吗？微笑式的管理什么地方是可以改进的呢？班级管理的核心要落在哪里呢？这就使笔者求异中不断地拓展了认识、思考，也实现了教育智慧的增进。

批判中向宽度扩充

很多教师都会很好奇为什么有时在笔者的文章中或者故事中，总能发现一些与众不同的观点或做法。批判性精神是使得笔者具备这样做的一个重要原因，这样的习惯也造就了笔者有了比别人更为突出的文稿撰写方法，同时也收获了深邃的思想和广阔的思考视角。如《在伤口处撒“盐”还是“糖”》一文，笔者表达的意思是教育没有绝对，偏向一侧教育这个天平都不可能平衡，那么当学生“受伤”了，我们是要指责还是安抚，这里面又隐含了许多教育智慧。《“差生”的好品质》一文中笔者记录的是课堂上有个孩子因为生病而呕吐，这时班级里的孩子们都纷纷走开，很害怕接触这些呕吐出来的脏物，只有一个在我们很多教师眼中十足的“差生”却拿起了扫帚开始帮助清洁地面。那么文中我提出了一个观点，一个孩子的成长过程中，真的只能用成绩来衡量其“好坏”吗？什么样的孩子才是一个好孩子呢？我们为什么还把分数放在首位呢？是不是应该尊重每个孩子不同的发展路径呢？这些文字我们都是站在批判的视角来观察教育、思考教育和践行教育，那么这就使得我们的教育人生变得更宽广，自己的教育世界更广大。一个人的批判性精神是难能可贵的，因为我们很多人缺乏自己的思考，往往都是随波逐流式地进行自己的教育生涯和经营自己的教育生活。恰好这点是我们作为一个独立人必备的，也是我们能具备深刻思考能力的启动器。

隐喻中向温度贴近

有时，我们的文字的表达可能并不是那么直白的，而是有些含蓄、隐喻的，如此读来会更舒适、有趣。特别是有些道理也是需要借助一些隐喻的方式来输出的，而且这样文字显得更具温度，能让人感受到潜在的力量。例如笔者曾写过一篇题为《如何烹调数学这道“菜”——有感于南京学习之旅》的文章，这是笔者参加一次名师工作室成员赴南京学习的总体感受文字，笔者在文中把数学学习比喻成“做菜”，那么做菜过程中“厨子”比“食材”更重要，也就是说，我们的教师比教材更重要，同样的教材，不同的教师能教出不同的效果，为什么呢？此外，“佐料”要为“主料”提味，我们的数学学习有自己的教材内容体系，也需要接受新课程的延伸与开发，架构一个适合当前学生学习的数学课程体系。这篇文章中，我们用了一个通俗的比喻，将我们的数学学习与我们的生活进行了链接，变成了一篇能让人回味无穷、愿意倾听的文字，这就是隐喻的作用之一。独特的思考角度或者切入点，需要我们用带“颜色”的眼光审视，用带“批判”的思维审辩，用带“自我”的独立思考。有了对教育的敏感性，就能挖掘出独特的素材、独特的视角和独特的表达，让我们的文章有了“活”的生命。

【例文】

如何烹调数学这道“菜”

——有感于南京学习之旅

深圳市宝安区海城小学　陈永畅

对于一个厨子来说，要烹调出一道好菜需要优质食材、把握火候、适合作料、烹调方式等，其实教学也同样如此：教师如同厨师，能真正给儿童提供喜欢的学习素材完全取决于厨师；教材如同食材，如果它是适合个性化的儿童，则能真正地促进儿童深度学习；素材则如同作料，没有它，可能保底永远不是问题，但是有了它或许学生的研究之路会变得更有“味道”；但是作为一线的教师面对如此之多的因素，孰轻孰重？笔者在此选取几个观点与同行分享。

“厨师”比“食材”重要

笔者一直以来喜欢苏派名师课堂的深邃与追求学生思维发展的设计思路，在他们的课堂中，总是很难找到哗众取宠的情境，也很难找到“高大上”的课件展示，“朴素”“实在”就是他们课堂的代名词，但你却常常能看到课堂上学生的思维活跃、问题思考有深度，究竟为何有如此大的魅力，让我们一起走进江苏省特级教师王九红校长的课堂片段。

师：小猴帮妈妈摘桃，第一天摘了30个，以后每天都比前一天多摘5个。从中我们知道了什么？

生 1：第一天摘了 30 个。

生 2：以后每天都比前一天多摘 5 个。

师：是的，这就是我们数学中的“条件”，那你们觉得这里面哪个条件重要？

生：以后每天都比前一天多摘 5 个。

师：你是怎么理解这句话的？

生：第二天比第一天多 5 个，第三天比第二天多 5 个……

师：（一边板书一边细化）你的想法不错，但是还有不同的思考角度吗？

生：第四天比第二天多 10 个，第五天比第二天多 15 个。

师：有这么多思考，那接下来我们不重复别人的想法开火车。

生：第四天比第一天多 15 个。

师：（鼓一次掌）怎么样？好吧！

生：第五天比第一天多 20 个。

师：好吧，那我们怎么做（鼓一次掌）。

生：第三天比第一天多 10 个。

师：这个我不鼓掌了，因为你还是没有在前面的基础上进行创新。

（学生接下来想站起来说，教师做制止手势，但是学生还是抢先说了）

生：第二天比第一天多 5 个，（迟疑一会儿）第二天比第三天少 5 个。

师：（鼓掌）这个好，有不同思考。

生：第五天比第二天少 20 个。

…………

师：一句话，大家有这么多的理解，把他们的“关系”（板书）都理得这么清晰。

这个环节王老师不急于为了解决问题而解决问题，而是让同学抓住了关键的分析过程，让儿童们的思维一点点地打开，让儿童的独特思考都得到了尊重，因此才有了开始时的启而不发，到后面不启自发，纷纷争先恐后地涌上讲台给同学展示自己的思考，这就是课堂内在的魅力。我们再细看王老师与孩子们一起梳理板书的过程，同样可看出其用意之深刻，一个图把这句话的可能性都囊括了，更重要的是让学生一目了然地发现了其中的规律。

面对这样的教材内容，很多教师可能是更多地关注其问题的解决，于是会引领学生先发现“条件”，然后对条件做简要的解释，重点放在学生的解决问题的多样化上。然而王老师则是把重点放在了“条件”的解读上，却呈现出了迥然不同的效果，这个在学生后测效果对比上显而易见。

我们再回到教材——“从条件想起的问题解决策略”，可见王老师对教材解读的功夫之深，深挖教材能力之强。为什么强调“从条件想起的”，正如王老师的处理，让学生参与解读条件过程、组织发散思维活动，浓墨重彩的渲染过程让学生真正地学会了思考和解决问题，才有了后面问题的快速解决，并无形中增加了课堂现场的许多练习量，也真正地体现了王老师“下有保底，上不封顶”的教学思想。由此笔者会不禁感叹一个简约的素材、一份简单的设计却上出了不一样的味道，得到了让人惊叹的效果，那就是因为“厨师”比“食材”更重要。

“佐料”为“主料”提味

数学教学课程化是当前比较热门的话题，这也说明在数学教学的变革上，建立其课程的地位是势在必行的。确实，当前数学教学在很多学生、家长眼里已经成为较大的负担，笔者曾在不同层级、不同学校做过调研，真正喜欢数学的学生数量少之又少，甚至有些我们认为的学优生，同样对数学嗤之以鼻，因为和我们的“唯分论”、把教材当成学生的全部有很大的关系，因为这些已经不能完全满足当前孩子们的需要，也不足以让孩子们感兴趣和动心。

天正小学的数学文化课，拓广数学教学的含义，将数学史料、魔术、一笔画、数学美学等融入常规教学或是结合教材开发数学文化课程，就是一种对课程变革的回应。他们也确实做到了，如让学生在“折纸”的课程中去感受和体验“数学几何级数”，带领学生发现一张 A4 张我们最多可以折 7 次就不能继续再折了，而比 A4 纸大十几倍且薄得多的纸片，也最多只能折 11 次就不能继续再折了。为什么大了那么多却只能多折 4 次，这样的探究问题让学生对于抽象的“几何级数”的认识有了进一步的完善。

是的，作为新时代的教师应该明白：教材不单单是孩子们学习的全部，世界也是孩子们的教材。因此给教材这份“主料”填一些“作料”，便可使其增味不少。笔者也在研究利用数学绘本融入数学教学中，比如数学绘本《阳阳数鸡蛋（凑 10）》，笔者会抓住几个重要研究的点用好绘本，给予学生设计几个探究任务：

①阳阳做的盒子为什么是装 10 个鸡蛋，而不是 6 个、7 个或者 11 个、12 个等？

②找一找 10 可以分成哪些好朋友？

③思考怎么样计算 6+7=？

这样的设计有低年段儿童喜欢热爱的故事，也有围绕故事情境的数学探究，学生既不是只听故事，也不是简单地进行枯燥的计算，而是乐此不疲地进行研究、分享，从而学会了利用“凑 10”法来计算，这便是给予“主料”的一些“佐料”，但是这些“佐料”也要根据不同的“主料”进行调整，比如说牛肉可能要给予添置土豆，因为不同年龄段的儿童有不同的需求，笔者所在的学校，会利用“工具”思想，分数学绘本、实物学具、问题等“佐料”来为教材这一“主料”调味，并形成符合自身学校发展的特色课程。因此不妨多好的主料始终需要佐料来提味、来补充。

问题18：如何实现从现象到论文？

在我们的教育生活中发生的教育现象很多，我们怎么把这些现象转化为文字、转化为论文呢？这些常常是我们一线教师都有的感受和困惑。因为要透过现象看问题、发现规律、提炼观点是需要不断积累的，要对教育教学保持一种独特的判断和思考，更要对我们的教育生活始终有一种“警觉”，善于去发现其中隐含的真理。教育教学现象只是浅层的过程性表征，并不是一个具有指导价值，或引起教师们关注的核心观点，从教育教学现象到专业表达，这是极其重要的提炼能力体现，也是自己思想生成、升华和输出的重要过程。那么我们如何从一些正常现象、反常现象和超常现象中发现其中的内涵，将教育的本质挖掘出来，展示在教师面前，让大家能有所思、有所获呢？

仔细观察，在正常现象中提取规律

观察，是我们教师与人和事物沟通最基本的能力，它是教师与学生、教师与教材、教师与事件间产生作用的重要媒介。正常教育教学现象是常见的，也是多见的，这样的现象往往容易被忽略，因此就需要我们更为仔细地观察、思考，从这些现象中找到共性问题和差异问题等。例如在我们的教育生活中，听课是我们教研方式中最常见的，但是在实际操作中我们发现听课一般都是流于形式，大家只是“听”课，并没有产生自己的思考，更没有帮助自己对“课”的重视与深度理解。后来笔者基于这一现象撰写了《听课需扮演好几个角色》一文，大致讲述的就是如何更大层面地推进教研和教师成长的突围，如何使得听课这个专业成长工具作用最大化，提出听课需扮演好几个角色的观点。即备课者：听课前初步解读教材并适当预设生成，带着问题进课堂，这样才能在听课的过程中边思考边提炼，并在共鸣中收获和发散，真正地做到“听”并收获着；观课者：带着目的观察课堂、审视课堂、欣赏课堂，于是听课者便有了更多的思考，对教材、学生、课堂的认识更能站在巨人的肩膀上，看问题也有了不同的高度；学习者：在听课中带着学生的身份去辨析和思考，只有这样才能产生属于自己的认知和培养独立的品质，有宽容的态度、学习的心理，才能有更宁静的心灵去接受和品析，因此收获的将是去除功利、毫无污染的思想；思辨者：唯有独立的反思、辨析，才能让自己有更明确的目标和方向，形成自己的风格，内化成自己的理论，因此在“思”与“辨”的同时，也就逐渐成长了。

再如，我们在教学中发现有的孩子对草稿纸的使用非常规范，有些孩子对草稿纸使用却是非常随意的；有些孩子的订正习惯特别好，有些孩子的订正习惯不强；有些孩子的书写非常端正、规范，有些孩子的书写非常潦草与“任性”。那么这些现象有引起过我们教师的重视吗？显然，很多教师对这些常见的现象是视而不见的。笔者带领团队展开了关于小学数学学生学习规范的研究，从学生的书写习惯、做草稿的规范、订正的规定等一些常见的、规范性的、常态性的问题进行了实验，并形成了课题与论文《小学数学学习规范对学业品质影响的实践研究》。

这些都是一些常见现象，但是我们始终保持警觉，从中发现了常见中有特征、有意义的问题，并提取了较为重要的思想，形成了专业的表达，那么我们的思考就更有价值，因为它成为可传播、可复制、可引起读者重视的文字，这对我们的教育生活也是极大的鼓舞。

深度对比，在反常现象中反思规律

很多教师对于反常现象是不太敢于表达自己想法的，因为“谦虚”作祟。但是如果我们能从这些反常的现象中看出问题、提炼出观点、得出结论，这样的思考是教师和编辑更喜欢的。这就不仅要我们教师保持批判性精神、审辩性思维，更要具有质疑、对比和反向思考的能力了。这样的习惯能造就我们作为教育者的另一种能力，首先是看问题的深度和习惯，其次是思考问题的广度与高度，再次就是它能给自己的专业打开另一扇门。例如，在很长的一段时间里，应试教育成为众矢之的，许多人以素质教育之名给应试教育冠了很多罪名。后来笔者在一次时评中写过一篇很简短的文章《“应试”也是一种能力》，提出了“应试教育”真的是一无是处吗？不然，其实“应试”能锻炼学生的心理素质、“应试”能提高学生的应变能力、“应试”能增强学生的个人素养。“应试”是人生历程不可或缺的一部分，是一个完整人成长过程中宝贵的财富，它让每个人都在逐渐地变得更强大、更优秀。在无法改变现状的前提下，一味地谴责“应试”已是徒劳，那么我们为什么不看到它存在的价值呢？为什么不促使它成为完善我们教育的一部分呢？确实，换个角度看“应试”，它也是一种能力，是一种让学生更强大的武器。

再如，在把“分数”看成唯一的评价方式时代，我们又怎么去挖掘多元评价的价值呢？直到有一天，西安有个学校发生了“绿领巾”事件，即给优秀的学生佩戴红领巾，给“差生”佩戴绿领巾。对于这样的反常现象我们看到了什么呢？后来笔者也写了一篇《“绿领巾”是评价单一的替罪羊》千字短文，文中提出了只有多样化的评价方式，才能让每个孩子真正享受到平等的待遇。我们所谓的“差生”，虽然文化课成绩差一些，但是他们或热心、乐于助人，或是绘画高手，或是体育尖子；而我们口中的“优生”也不乏自私、孤僻，所以荣誉都给了“优生”失之偏颇。“绿领巾”只是成了评价单一的替罪羊，我们应该让每个孩子的优点都夸大化，让其享受别人的肯定和成功的喜悦，引领他们成为更全面发展的人，因为教育是为了所有孩子的发展，为了每个孩子的成长。

其实，包括在书中前面列举的《猜进了陷阱——以“抛硬币”为例谈我们的教学偏执行为》一文，也是典型的针对反常现象而提炼的表达方式，正向的例子可能大家都觉得是理所当然的，但是我们却从反向来表达自己的思考，这就是吸引人们眼球的地方了。因此从热点中找到冷思考点，从一般中找到深思考点，从当然中找到失常点，这些都是我们挖掘出不一样观点的手法，也是我们反思规律的重要方式。

辩证思考，在超常现象中总结规律

超常的现象要驾驭可能不是很容易，但却是最有力量的部分。对于这样的问题我们需要带着独立人格去看问题，要带着辩证的思考方式去看问题，更要带着看透教育、看穿不属于这个年龄能看穿教育问题的品质。其实，当笔者还处于青年教师时，也就是工作还未满十年时，这个阶段来谈青年教师专业发展可能底气还不足，资历肯定也不够，那么我们就要超常现象看到这个问题了，笔者以《“学、练、研”新教师成长三道关》为题，大致描述了新教师专业发展的几个历程，即：第一，“学”——积累教育知识，炼教学基本功：学读好书、学品名课、学集佳材；第二，“练”——磨砺教育技能，锤炼教学策略：练教学设计、练课堂评价、练预设生成；第三，“研”——内化教育智慧，提炼教学思想：学情调研、教材钻研、课堂磨研、课后思研。作为一个过来人提醒我们的新教师如何开始自己的教育生涯，提出了一名年轻教师该以何种姿态进入一所学校？该以何种姿态站稳在三尺讲台？该如何读懂教材、读懂学生、读懂课堂？又该如何让自己迅速成为一名领导放心、家长欣赏、学生喜欢的优秀教师？几个问题，引发青年教师对自己的专业发展进行深度的思考。

再如，“双减”，这是一个十分热门的话题，也是一个很多专家名师都在讨论的话题，那么我们又如何从“双减”中找到表达的切入点呢？这同样要用超常现象的方式去挖掘写作点，那么我们聚焦于小学数学课堂教学的提质增效上，以《“双减”背景下小学数学课堂如何增效提质》为题撰写了一篇论文，从课堂情境现实化、课堂学习结构化、课堂对话深度化、课堂体验智能化四个板块陈述，小切口上还从营造动态情境明晰统计的核心是“数据”；聚焦数据分析，明晰统计的关键是“差异”等展开陈述。更重要的是我们聚焦课堂教学，用案例说话，打通学生在学校里高质量学习的隔断，让学生在学校就能“吃得饱”，更能“吃得好”。因此，我们还应从课堂中来，到课堂中去，聚焦课堂教学的变革去回应“双减”政策中的“减”，真正的以“增”促“减”，以“质”应“减”，实现教育在“双减”政策下的提质增效。

从现象到形成论文，是我们一线教师常见的写作手法，我们只要能对教育教学生活保持警觉、敏锐，就能捕捉到写作的素材，产生写作的思考，获取写作的切入点。

问题 19：如何实现从问题到论文？

一篇论文的关键在主题选择，而主题产生于问题，可见问题是我们论文写作最基本的模块，问题能让我们的研究主题更贴近实践，也能通过它找到合适的实施路径，还能架起理论与实践之间的桥梁。那么，要实现从问题到形成论文成果，我们作为一线教师能做什么呢？首先，一定要把握问题的产生与来源，从中挖掘问题的价值；其次，要深化问题，将其转化为论文成果，这里则要关注问题的热度、深度和广度等；再次，一定要有专业的研究习惯和思维，从问题中提炼出论文，才具有专业性、科学性和可读性。由此，问题的产生就是论文形成的启动点了。

问题在常态学习中产生

作为师者，终身学习是必需的，那么对于笔者来说，不受空间和时间等限制的学习方式是比较合适的。首先，我们喜欢看课例和讲座视频，我们可以用倍速来观看，能节省下不少时间，也可以根据自己的喜爱程度选择合适自己的素材进行学习。其次，阅读也是自我提升非常好的方式，我们的阅读可以是自由的阅读，不受任何功利性的需要而阅读；也可以是功利性的阅读，有针对性地阅读近期研究主题的相关内容，这样的阅读具有需要的驱动，往往效率也会比较高；还可能是拓展性的阅读，也就是说为知识储备而读，这里指的一般就是理论的阅读，甚至此时有些内容在阅读时我们也未能理解，但是它一定是我们知识组成的一部分，哪天它可能就起作用了。这就要求我们在阅读过程中一定要带着自己的问题走进文本，或者是在阅读文本时一定要思考书籍中的观点，提出一些新问题，从中变成了论文的主题。例如，笔者在阅读王开东老师的《教育：非常痛，非常爱》一书后，写了一篇题为《不妨多一份批判看教育》的读后感，书中，王开东老师广阔的视野、尖锐的言辞、独到的思考、深刻的剖析，深深打动了我，他对教育的执着与情怀更是让人钦佩与敬仰。处处可见敏锐的思考使他保持对教育清醒的认识；激扬的文字不乏他的张扬又暗藏谦逊；浅唱低吟的风格更是处处揭示教育的真知。带着批判精神去审视教育，或许才能更好地认清教育，为其把脉问诊；带着质疑的态度去发现，或许才能目睹其真相，为其脱胎换骨。开东老师做到了，他不是无病呻吟，更不是抱怨与抨击，而是为自己、为后人警醒，为我们的教育发展提供建议。走进他的文字，就像走进他的精神世界，让人时而警醒，时而激动，时而叫绝。由此，我们就产生了一个新的问题：我们当前的教育应该是什么样的一种样态呢？我们又该怎么看我们的教育呢？

此外，在教材解读、教学设计等也可能产生教育问题的思考。《不妨给自主课堂挖个“陷阱”——以“比较分数大小”教学为例》一文，就是在教学设计中产生的问题，就是我们真的只能按照原来顺利的教学路径来教吗？我们还有什么其他的学习路径可设计呢？后来我们发现不要忽略了学生的能力，适当的“陷阱”、故意的“超标”，都可能收获意外的惊喜。因此，在这节课的设计中，我们设计了一个让学生借助画图来比较 1/2 和 1/4 的大小，让学生带着问题进行探究、验证、分享，最后再把问题逐一解决。这些都让学生自主地去“悟”到的，甚至是产生疑问时，都是在同学们的研究与分享中收获了对分数的本质认识。真正的教育应该如此，唯有问题，才能真正地让学生有深刻的思考；唯有思考，才能真正地触动学生的思维；唯有思维，才是真正具有思想的现代人。一点微小的变化，一个有意的“陷阱”，一次深刻的对话，却释放了学生自主的张力，绽放了学生大大的思维的花蕾，收获了意想不到的精彩。为此，我们不妨放手给孩子思考空间与质疑时间，更要适当地在他们前进的道路上设下有助于成长的“陷阱”。

问题在学术交往中产生

学术交往是我们一线教师很容易忽略的，但这个方式恰恰是更能产生有深度的问题，并形成有高质量论文的。因为在与更高层次的高校教授、专家和名师的对话中，你就会发现他们有非常高深的认知、巧妙的思考和扎实的理论，这些都会给我们带来不一样的感受和领悟。笔者的《从教材的视角审察“数形结合”的内隐价值——以数线图、点子图和矩形图在数与代数中的应用为例》一文，是一篇部分文字发表在《小学教学（数学版）》，然后被中国人民大学复印期刊《小学数学教与学》全文转载的论文。一次偶然的机会，我在与吴正宪老师的交流中有了此篇文章的灵感。当时，我们的 2022 年版新课程标准还没有颁布，因为吴老师参与了本次的课标修订，所以她脑海中有很多关于新课标修订的意图和思考，特别是对有关数与运算的一致性、结构化教学、主题式或项目化学习等问题都有一些新的思考。在当时，笔者又带着教师开展了有关数的运算的教材研究，特别是“三图”的运用。为什么要在运算中借助“三图”帮学生理解算理呢？又为什么要用这么多的内容篇幅来建构数与形的关系呢？带着这些疑问，笔者与吴老师进行了深度的交流，在谈话中，发现了 2022 年版新课标要提出结构化和一致性的原因，其实我们的这篇文章的思路就是解决这两个问题的一个案例，数的认识和运算本就是一体的，它就是结构化知识，当然也就需要结构化的教学。那么，我们需要给我们的读者带来什么样的思考呢？如何建构我们这篇文章的架构呢？在本次的交流中笔者找到了答案。

《区域性推进课程体系建构的若干思考——第四届全国中小学品质课程研讨会撷采》这篇文章，是笔者参加了一次品质课程的学习会中产生的，学习中就有了，作为区域性的课程体系建设该如何推进呢？因此就有了这篇文章。这样的例子有很多。因此不难发现，只要我们留心、有心，学术交往中是能产生问题、变成论文的。

问题在文献综述中产生

文献阅读是我们问题产生的另一种方式，如果文献中有遗漏、空缺，甚至有“错误”，那么，我们就能去填补空白，或修正错误，或拓展研究，更重要的是文献能让我们看到现状、看到研究起点、看到研究成果。由此，我们便有了新的思考、新的问题，或从旧问题中延伸出新的问题、深的问题，这就是继承与发展。例如笔者在撰写“小学生综合评价可视化系统的开发与应用——以××小学学生生长评价系统为例”一文时，是先从表 3-1 的文献检索和阅读梳理表开始的。由此我们得到如下问题：可视化评价系统的搭建有价值吗？如何搭建适合当前教育的评价系统？用可视化手段如何使得评价系统搭建减少师生的工作量？从而有了表 3-2 的写作框架。

表 3-1　文献检索和阅读梳理表

1. 文献检索情况简要描述（检索策略、检索结果以及你的思考）	1. 通过知网以“学生评价”+“可视化”为主题词检索到的文献非常少，然后以“学生评价”为主题，以“可视化”为篇关摘作为检索关键词能查到文献 126 篇 2. 从检索的文献中发现与本文选题的写作方向相关度不高，甚至有些与本选题并不存在任何的联系 3. 我的思考：其一是当前对于学生评价可视化研究比较少，其二是否本人的检索关键词的确定不够准确？
2. 与选题相关性强的文献	1. 基于大数据的学生成长质量评价体系构建研究 2. 近十五年来我国教育评价研究的演进分析 3. 基于社交可视化的高校民族预科学生管理评价系统研究 4. 彰显学生多元个性—网络时代教师必备 ICT 技能之教学评价技术篇 5. 基于学生综合素质评价的数据挖掘改进算法研究 6. 基于 OLAP 技术的学生评价系统的设计与实现 7. 中小学学生综合素质评价与分析系统的设计与实现

（续表）

3. 选题领域的核心关键文献	1. 基于大数据的学生成长质量评价体系构建研究 2. 基于学生综合素质评价的数据挖掘改进算法研究 3. 基于 OLAP 技术的学生评价系统的设计与实现 4. 中小学学生综合素质评价与分析系统的设计与实现
4. 选题领域的最新研究文献	1. 基于学生综合素质评价的数据挖掘改进算法研究 2. 基于大数据的学生成长质量评价体系构建研究

表 3-2　写作框架表

项目	标题（写出大标题，若有小标题则写出其下的小标题）	要点（写出各部分的写作观点或者写作要点）	材料和方法（所涉及的材料和材料的详略安排以及各部分之间的相互关系等，以及论证的方法）	字数
绪论	一、小学生综合评价可视化系统开发的背景	1. 教育变革发展的需求（文献综述） 2. 学生个性化发展的需求（评价手段多样化）提出研究的问题	1. 收集当前学生素养评价系统开发的相关文献及案例，梳理出主要观点 2. 列举当前学生评价存在的问题，论述需要进行变革的若干原因	800
本论	二、小学生综合评价可视化系统设计的路径	介绍评价可视化系统设计的主要思路		2500
	1. 基本框架设计	从设计理念、系统特色、框架搭设几个方法阐述框架设计的思路	方法介绍、图例解读、解读框架设计的思考过程	
	2. 外显表征设计	从“能量化”“任务化”“游戏化”的评价形式变化阐述	突出利用能量代替数据，用“树”代替表格等外显形式的独特思考	
	3. 内部链接设计	评价数据来源的设定初衷阐述（数据来源是全面性的，调动教师、家长、学生多方面进行数据收集和分析）	数据的科学性论述	

（续表）

本论	三、小学生综合评价可视化系统应用的特征	介绍学生应用效果（案例）		2000
	潜在功能	如何实现让评价成为激发是生长的内驱力工具	数据对比分析	
	记录功能	电子档案的记录，形成积淀学生的成长历程的工具	个案举例	
	诊断功能	数据的可视化形成诊断分析报告，成为学生自我评价与反思的工具	个案举例	
	应用功能	系统的应用过程就是学生利用系统进行个性化发展的指引工具	个案举例	
结论	四、小学生综合评价可视化系统发展的未来	分析系统发展的得失与未来改进的方向与思考	总结、提炼观点	600

可见，在文献阅读和梳理中，我们会对自己的研究越来越清晰，从而论文的框架、体系的搭建也就顺势而为，能形成一篇较为完整、学术感较强的论文。

问题在教研领悟中产生

教研活动是我们一线教师日常中亲身参与的，也是专业提升一个常见的方式，这个过程如果我们能带着思考参与或者带着问题，那么论文的生长点可能就顺其自然地产生了。比如，《数学教学追求：从“用”工具到“弃”工具》这是一篇笔者在与教师的对话中产生的，探究是我们当前教学过程必需的，那么我们如何营造更有价值的探究活动呢？只有从有到无，从借助“拐杖”到抛弃“拐杖”，才能使得思维的发展是进阶的、高阶的。文中提到，站在数学本质内涵的角度思考，如何营造数学本身的“味”呢？首先数学上对于“工具”的使用有几层境界可能是需要我们不断深入思考的。第一层境界：“工具”固然为“工具”，数学具有高度抽象性，因此学生觉得数学“难学”，教师则觉得数学“难教”，面对如此窘况，作为师者又该如何在直观性与抽象性之间搭建起一座桥梁，这里学生人手一副学具，操作的过程能边拆边思考，边思考边验证，当遇到问题时还可以用学具拼一拼、数一数，这个过程对于孩子来说有了学具的辅助就能把非常抽象的知识变得非常具体了，因此能较快得出其中的规律，足见“工具”的优势所在。第二层境界：“工具”上升到“理解”，在教育教学的过程中，要提倡多使用“工具”，但不能过于依赖“工具”，回归本源，它仅为了帮助理解而来，只有真正地摆脱了“工具”，学生才能真正地理解这个设计的处理，从学生的分享中，也可以看到大部分学生应该是理解的，但是如果脱离了工具，可能就说不清，或者说得不好，此处学生还得站在工具的脚手架上，唯有它，学生才能够得着这个知识的核心。然而他们并没有学会去寻找别的替代品，或者用思考的方式来形成自己知识的获得。第三层境界：“工具”跨越成“思维”，第三个环节设计就不能再重复上两个环节的操作流程，而是要真正基于以上的基础让学生在此时真正地抛弃“工具”，从而形成“思维”，通过自己动手的“画”才是学生“思维”深层的发展，这个经历过程肯定是要比借助“工具”来得更深刻。然后再经过学生的分享交流，师生共同梳理出“转化”这个数学思想，这样，学生不仅学会了利用辅助线，更学会利用“转化”这一工具，把问题简单化、直观化、数学化，这就是学生思维的形成全过程，这样的学习学生遇到问题了，才能找到相应的方法去解决。

要写出高质量、有价值的学术论文，就要找到一个好的选题，更要有强烈的问题意识，用敏锐的眼光去发现问题，从而提炼出核心观点，形成一篇论文。

【例文】

从教材的视角审察“数形结合”的内隐价值

——以数线图、点子图和矩形图在数与代数中的应用为例

深圳市宝安区海城小学　陈永畅　赖允珏

摘要：数形结合作为重要的思想方法，如何在小学阶段进行渗透呢？笔者以数线图、点子图和矩形图在数与代数领域的应用为例，通过梳理一至六年级的教学内容中的数据，挖掘数形结合教学的内隐价值。

关键词：数形结合；内隐价值；数线图；点子图；矩形图

数形结合是小学阶段重要的数学思想与方法，更是帮助学生更好理解数学和学习数学的有效工具，“形”为“数”的研究提供了直观的几何形象，“数”则为“形”的研究提供量化数据和抽象语言。因此从由形知数到由数识形，从而实现了数形互译，将是我们小学数学教学非常重要的任务。可是在日常教学中教师缺乏整体的备课思想和基于儿童立场的视角审视教学，从而导致数形结合这一思想方法的渗透仅停留在表层，导致学生在问题解决中画图等策略或数形结合分析能力都比较薄弱。笔者在此以北师大版小学数学教材为例，梳理“数线图”“点子图”和“矩形图”（下称“三图”）在数与代数中的应用的数据，试图从整体的视角，挖掘编者的意图来审读“数形结合”的内隐价值，特别是对学生问题解决能力培养和综合素养提升起到的关键作用。

一、“三图”在教材中的内容分析

（一）“三图”整体分布情况

笔者通过梳理北师大版小学数学教材中“三图”出现的课时数（详见表3-3）进行分析，不难发现以下情形。

表 3-3　“三图”课时分布表（北师大版小学数学教材）

三图	一年级		二年级		三年级		四年级		五年级		六年级		总计
	次数	占比	次数	占比	次数	占比	次数	占比	次数	占比	次数	占比	
数线图	20	27.40%	24	32.88%	13	17.81%	10	13.70%	1	1.37%	5	6.85%	73
点子图	0	0.00%	10	66.67%	4	26.67%	1	6.67%	0	0.00%	0	0.00%	15
矩形图	0	0.00%	0	0.00%	4	20.00%	8	40.00%	6	30.00%	2	10.00%	20

1. 数线图贯穿整个小学六年级的教材，是学生理解知识点与解决问题的常用工具

从整体来看，数线图出现的课时数最多，12 册教材中在 73 节课时中出现，占“三图”总次数的 67.59%。从年级段分布来看，数线图呈现随年段升高而次数降低的现象：低年级段（一、二年级）总计出现 44 节，占总数的 60.28%；中年级段（三、四年级）总计出现 23 节，占总数的 31.51%；高年级段总计出现 6 节，占总数的 8.22%。

2. 点子图出现次数少，但分布集中，主要出现在二、三年级教材中

点子图一共在 15 节课中出现，而其中 10 节课分布在二年级，占总数的 66.67%，另 4 节课出现在三年级（26.67%），1 节课出现在四年级（6.67%）。这与点子图所适合的数学知识点有密切的关系。

3. 矩形图出现次数少，且分布较为均匀

矩形图一共在 20 节课中出现，主要分布在三年级（4 节）、四年级（8 节）、五年级（6 节）年级，其分布特点也与适合的数学知识点密切联系。

（二）“三图”知识分布梳理

1. 数线图：分布广泛，聚焦运算

数线图是小学阶段应用最广，出现次数最多且贯穿一至六年级的数学图形。从数与代数的内容结构来看（详见表 3-4），数线图在数的运算板块出现次数最

多，占总数的73.97%，主要是用于帮助学生掌握加法、减法的运算，理解乘法和除法的含义，根据线段图找到数量关系等。其次是数的认识板块，在16节课中出现，占总数的21.92%，教材意图借助数线帮助学生认识数的构成，学会比较数的大小，学会在数线上找到数的大概位置。最后还有三次出现在常见的量板块中，2节是二年级的“时、分、秒的认识”，学会借助数线进行时间单位换算和计算经过时间，还有1节在六年级“比例尺”一课中。

表3-4　数线图在数与代数领域的内容分布表

	数的运算	数的认识	常见的量
节数	54	16	3
占比	73.97%	21.92%	4.11%

由此可见，数线图在小学阶段是帮助学生理解算理，掌握算法的不可或缺的工具之一。表3-5为数线图在加、减、乘、除以及数量关系五大知识点中的分布频率。数线图在找数量关系中出现的次数最多（33.33%），任何数字都能在数线中找到它的位置，任何复杂的关系都能用线段图直观地表示，数线图不仅是学生理解概念的工具，更是学生解决问题的工具，教材在“里程表”“分数混合运算”“百分数的应用”等单元中特别重视数线图的引入，在数形结合中发展学生画图解决问题的能力。

表3-5　数线图在数的运算板块的知识分布表

	加法	减法	乘法	除法	数量关系
节数	13	8	12	3	18
占比	24.07%	14.81%	22.22%	5.56%	33.33%

其次是加法（24.07%）与乘法（22.22%）。线段具有累加性，能够很好地

帮助学生理解加法的含义，结合线段图也能进一步培养学生数的拆、合能力，进一步发展数感。同样，乘法是特殊的加法，利用线段图能够帮助学生理解乘法，建构乘法与加法之间的联系。在乘法教学中常用线段图帮助学生记忆“6—9”的乘法口诀，同时渗透乘法分配律。

最后是减法（14.81%）与除法（5.56%），分别作为加法与乘法的逆运算，数线图同样在理解与运算上能发挥一定的作用。例如，在减法中，能帮助学生理解减法是从整体中去掉一部分，或者两数相比的差；在除法中，能实现对平均分与除法概念的理解。

2. 点子图：聚焦乘法，理解算理

点子图常见于乘法教学中，特别是乘法口诀教学中，经历了“圈点子—建联系—说口诀—写算式”这样一个过程。二年级第一次出现点子图让学生在点子图上圈一圈，用两种方式表示3×8，教材的意图是借助点子图帮助学生理解乘法的意义。接下来，在“圈、数、说”的活动中建立点子图与乘法口诀之间的联系，让学生在脑海中实现数与形的初步结合。在探索“6—9”的乘法口诀中，借助点子图理解“分块”求积，渗透乘法分配律。

此外，在三年级学习整数乘法中，点子图也是沟通口算与笔试实现算理理解的好工具。例如，在学习“两位数乘一位数”的口算乘法中，让学生直观地感受先拆再合，再与竖式建立联系，探索最优的口算方法。在二年级的基础上进一步理解乘法。

3. 矩形图：理解概念，建立联系

矩形图是小学理解分数、小数与百分数的直观模型，也是探索它们性质与联系的可见支架。

由表3-6可知，矩形图主要应用在小数、分数知识内容中。在数的理解中，分数与小数出现矩形图各有3节课。学生初步认识分数是通过“折一折”“涂一涂”的数学活动展开的，矩形图就是主要的操作工具；而学生初步认识小数则是从“元角分”模型开始的，到五年级进一步认识小数单位，探索小数的性质

等才开始使用矩形图。在数的运算中，分数 6 节课（30%）和小数 5 节课（25%）。分数板块通过矩形图探索加、减、乘、除运算，小数板块则聚焦在加减法。在数的联系中，1 节课用矩形图沟通分数与小数的联系，让学生感知小数是十进分数的另一种表现形式；2 节课用矩形图沟通百分数与小数、分数的联系，借助图形建构数之间的关系。

表 3-6　矩形图在数的运算板块的知识分布表

	数的理解		数的运算		数的联系	
	分数	小数	分数	小数	小数与分数	百分数与其他
节数	3	3	6	5	1	2
占比	15.00%	15.00%	30.00%	25.00%	5.00%	10.00%

（三）“三图”呈现形式分析

教材在不同年段、不同内容中呈现“三图”也有一定的意图，本文将从外在的形式与内在的目的两方面进行分析。

1. 外在形式：由具象到抽象

“三图”的呈现形式经历了从具体到抽象的过渡，这与学生的认知发展水平密切相关。

以数线图为例（如图 3-3 所示），一年级上册的数线图以毛毛虫的形式呈现，将数字写在毛毛虫一截一截的身体上，将抽象的运算具象化，符合一年级学生具象的认知特点，把相对抽象、无聊的知识变得具体、有趣。直到一年级下册探索“十几减几的退位减法”时，数线图才从“毛毛虫”过渡到“尺子”，一来尺子是学生日常能够接触到的学习工具，增强对尺子的熟悉度，为二年级的学习奠定基础；二来尺子比毛毛虫更具抽象性，突出了“数”。在二年级上册学生探索乘法口诀时，“数线尺”过渡成“等距数线图”，帮助学生理解乘法是几个相同加数的和的运算，与一年级的数线图相比抽象性有进一步提高。二年级下册

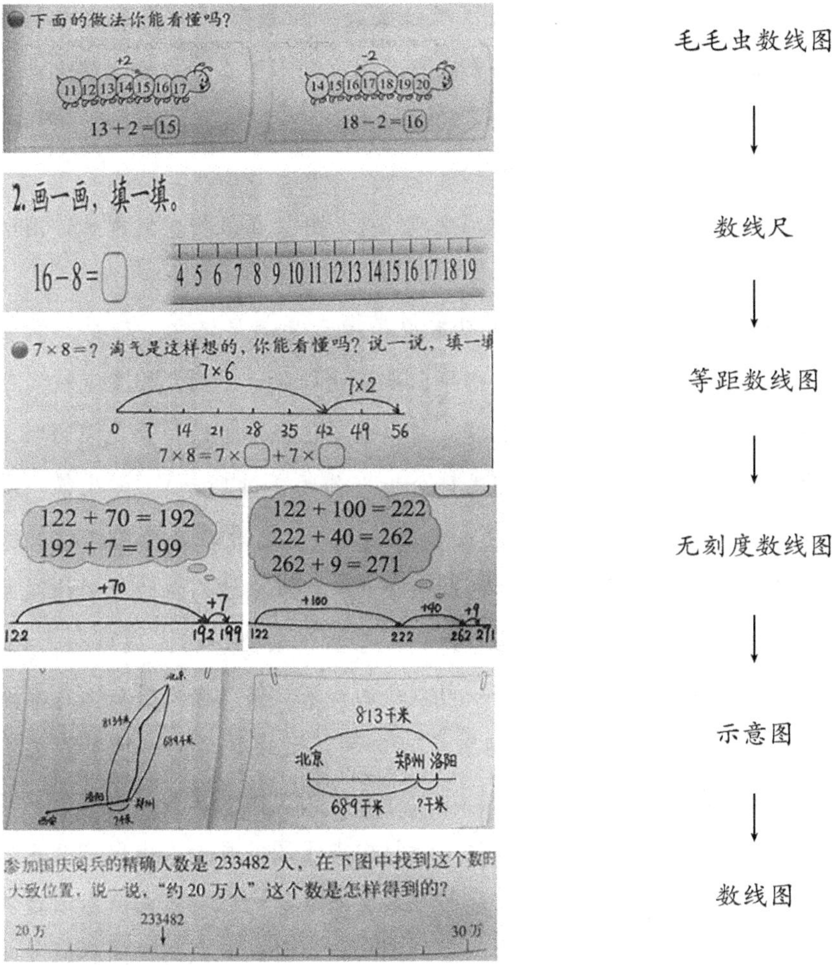

图 3−3　数线图呈现形式图

学习三位数加减法时，教材呈现了“无刻度数线图”，以帮助学生理解算理，培养口算能力，但画图难度相对提高，学生在画整百、整十以及个位数的长短的过程中，也能培养学生对数的大小的感知，发展学生的数感。教材在三年级“里程表”一课中也呈现了两种不同的画图方式，体现了由具体到抽象的发展，直到四年级出现最为抽象的数线图。

同样，点子图在乘法口诀以及“两位数乘一位数”的口算乘法中也是先以具体的实物矩阵呈现，再过渡到抽象的点子图；矩形图在分数的理解中也是先以各种图形的形式出现，再过渡到抽象的面积模型。

2. 内在目的：由理解到应用

从教材编写意图进行分析，不难发现，“三图”在教材中发挥的作用经历了从理解到应用的过渡。

以点子图为例，乘法口诀的学习不应局限于背诵与记忆，而要让学生理解乘法的含义，并能根据已知的口诀推导出未知的口诀。借助几何直观就能帮助学生理解每个乘法口诀的含义，并且建立新口诀与已经学过的口诀之间的联系。笔者对二年级上册点子图出现的意图进行分析（如图 3–4 所示）：学生第一次接触真正意义上的点子图是在“有多少点子”一课中，通过在点子图上摆一摆，感受一个乘法算式所对应的两种不同的加法含义，建立乘法与加法之间的联系。第二个理解层次出现在探索 6 的乘法口诀中，学生借助点子图完成口诀，并在图、算式、口诀三者的对应中，理解每一句口诀的由来。第三个理解层次在本课下一个环节，通过对点子图的拆分，建立新旧口诀之间的联系，同时渗透乘法分配律。接下来过渡到应用层面，从有提示的在点子图中圈一圈并写出对应口诀，到后面无提示直接写出对应的乘法口诀。教材中点子图的每一次出现都有其内在目的，而其发挥的作用也在循序渐进地引导学生从概念的理解走向概念的建构，再到概念的应用。不难发现，点子图与矩形图的内在目的也经历了同样的过程。

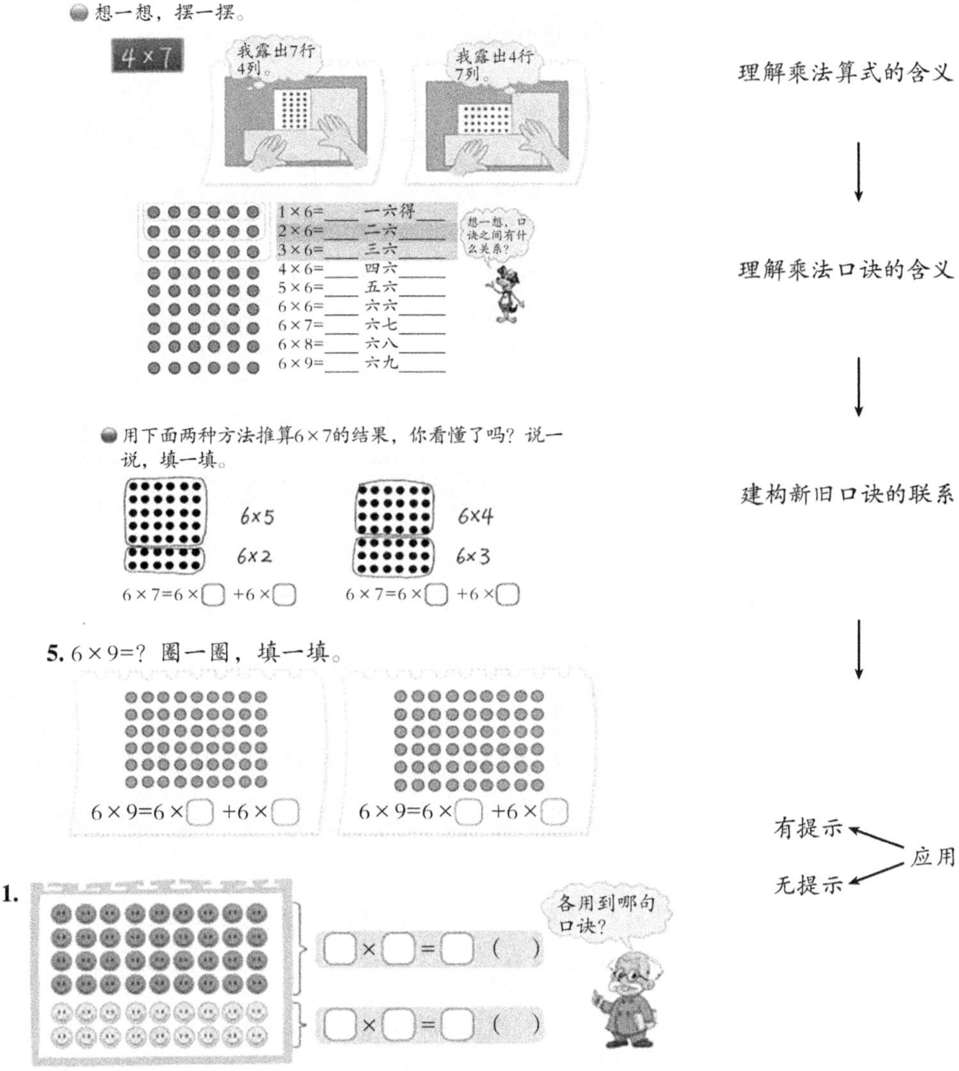

图 3-4 北师大版小学数学二年级上册点子图内在目的分析图

二、“三图”在教学中的内隐价值

（一）在数形结合中发展几何直观

《义务教育数学课程标准（2022 年版）》将几何直观定义为：“几何直观主要是指运用图表描述和分析问题的意识与习惯。能够感知各种几何图形及其组成元素，依据图形的特征进行分类；根据语言描述画出相应的图形，分析图形的性质；建立形与数的联系，构建数学问题的直观模型；利用图表分析实际情境与数学问题，探索解决问题的思路。几何直观有助于把握问题的本质，明晰思维的路径。”由此可见，几何直观是沟通感性与理性的桥梁，更是认知由具体走向抽象的脚手架。小学阶段几何直观的培养倾向于“看懂”图的意思，会用简单的图表示数量关系。正如史宁中教授所言：“数学的结论是‘看’出来的，不是‘证’出来的。”会看图、释图、画图就是孩子几何直观的现实表现，数形结合就是学生走向几何直观的最好抓手。

1. 在概念形成中，加强理解

数学概念、结论是抽象的，如何帮助学生从机械的记忆过渡到意义的理解，就需要借助直观图形。例如，在北师大小学数学三年级下册教材“分一分(一)”中，学生第一次学习分数，可能有些孩子能脱口而出一些分数，但是他们脑海中并未形成与之对应的图像，孩子们并不理解分数的真正含义。利用面积模型，学生通过“涂”“折”等活动，从视觉与触觉通道积累对分数的感性经验，实现图与数的对应，初步加强对概念的理解。并在试一试中呈现出多种不同的面积模型，感受分数的相对性，只要涂色部分的面积是整个图形面积的即可(如图 3–5 所示)。

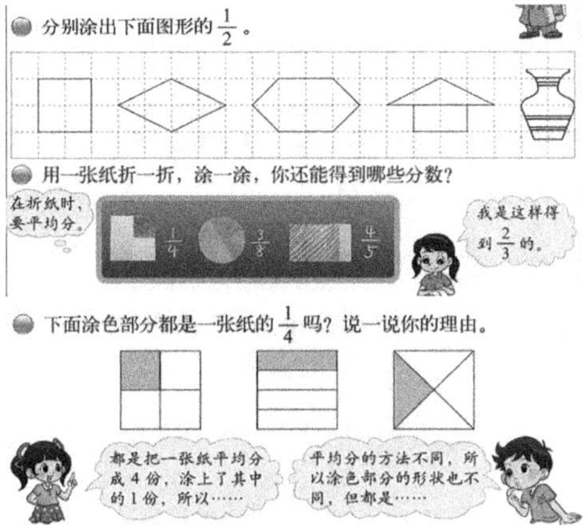

理解分数的含义

渗透分数的相对性

图 3-5　北师大版小学数学三年级下册“分一分（一）”面积模型图

2. 在概念建构中，深化联系

数学概念之间有内在的联系，教学中不仅要走向理解，更要实现关联，让学生在脑海中建构起完整的知识网络。例如，分数、小数、百分数之间并非相互独立，而是相互交叉的。如何实现三种不同形式数之间的转换，需要借助数形结合。以“‘分数王国’与‘小数王国’”为例，教材借助面积模型引导学生比较0.06和1/20的大小（如图3-6所示）。用直观的方法学会分数与小数的转换，建立分数与小数的联系。

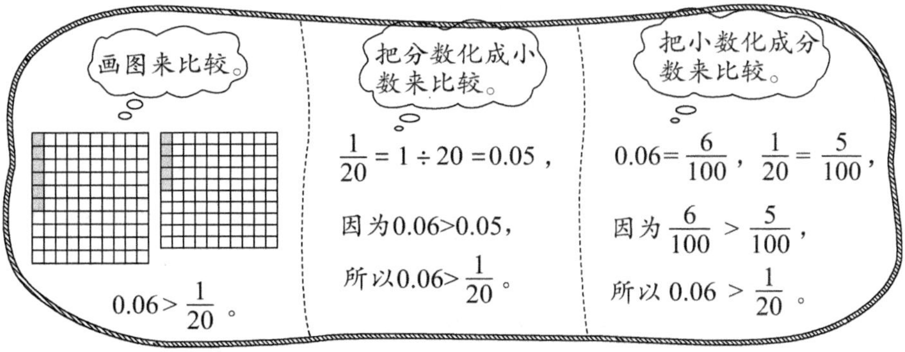

图 3-6　北师大版小学数学“分数王国”与“小数王国”面积模型图

3. 在概念应用中，掌握方法

数学的学习要走向应用，在问题解决中，鼓励孩子画图，用图形表达数学问题，能加深学生对本质的理解，从而找到解决问题的方法。例如，在“分数的混合运算”中（如图 3–7 所示），教材特别重视学生画图能力的培养：用图形表达数学问题，在图形中发现数量关系，在图形中找到解决方法，用图形表示问题结果。

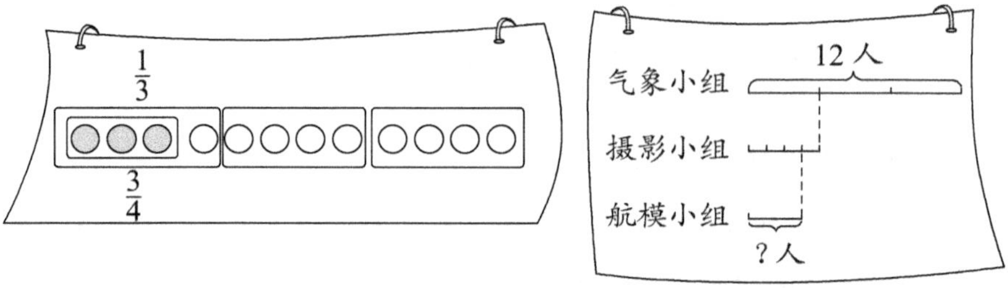

图 3–7　北师大版小学数学“分数的混合运算”数线图

（二）在数形结合中发展数感

《义务教育数学课程标准（2022 年版）》将数感定义为：“数感主要是指对于数与数量、数量关系及运算结果的直观感悟。能够在真实情境中理解数的意义，能用数表示物体的个数或事物的顺序；能在简单的真实情境中进行合理估算，作出合理判断；能初步体会并表达事物蕴含的简单数量规律。”数源于数，而数的对象来源于现实生活，因此数感的发展离不开数与物的对应。

1. 利用数形结合感受数量对应

低段学生常借助实物模型来感受百以内的数量，在四年级“认识更大的数”中，教材用数线帮助学生直观地体会大数的顺序和大小关系，以及帮助认识近似数，提升学生对数认识的抽象思维能力（如图 3–8 所示）。

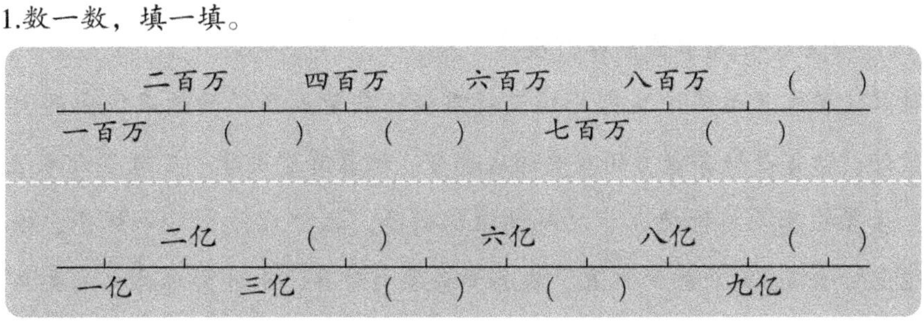

图 3-8 北师大版小学数学四年级上册“认识更大的数”数线图

2. 利用数形结合学会比较大小

学生对大小的感知是从量（直观的感受）开始的，如果直接告诉学生谁大谁小，学生很难理解。对于小数、分数这样抽象的数的比较可以借助直观图形。以“比大小”一课为例，直接告知学生：“分母相同，分子大的数更大，分子小的数更小”，学生可能会比较难理解其原因。教材借助面积模型，让学生通过涂色活动，将数的比较与涂色大小的比较联系起来，直观地感受与掌握简单的分数比较的方法（如图 3-9 所示）。

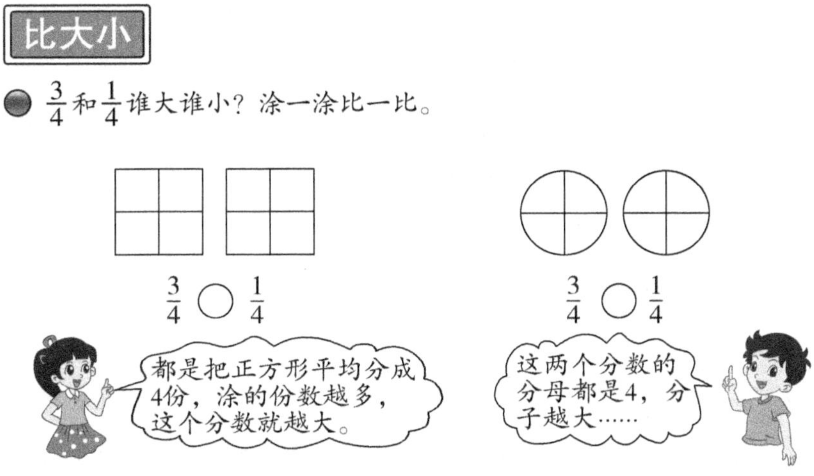

图 3-9 北师大版小学数学四年级下册“比大小”面积模型图

3. 利用数形结合掌握估算方法

估算是根据具体条件及有关知识对事物的数量或算式的结果做出的大概推断或估计，估算是计算能力的重要组成部分。估算贯穿小学一年级至六年级的学习中，估算的意义与价值在于发展学生的数感。在“比一比”一课中，通过在数线图上标出 3 200 大概的位置，能够考查学生对百、千计数单位之间关系的理解。淘气表达的先取中间，再找 3 200，也为学生估算提供了另一种方法（如图 3-10 所示）。

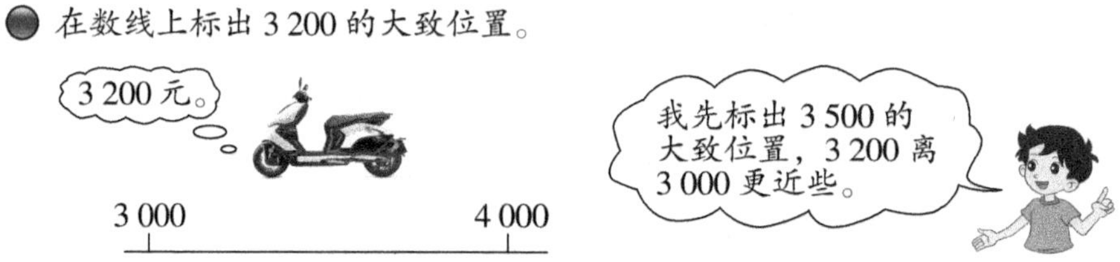

图 3-10　北师大版小学数学二年级下册“比一比”数线图

（三）在数形结合中提高运算能力

《义务教育数学课程标准（2022 年版）》将运算能力定义为：“运算能力主要是指根据法则和运算律进行正确运算的能力。能够明晰运算的对象和意义，理解算法与算理之间的关系；能够理解运算的问题，选择合理简洁的运算策略解决问题；能够通过运算促进数学推理能力的发展。”准确性是运算的基本。此外，教学中还需关注算法的多样化与最优化。

1. 在数形结合中提高运算的多样化

数线图是探索加减法的直观工具之一，学生利用数线图能够探索多种的运算方法。以“捉迷藏”为例（如图 3-11 所示），一年级学生认知发展水平存在个体差异，在探索 13-8=？时，有的孩子习惯一个一个减，有的孩子能够一次减 8，有的孩子则会先减到 10，再减余下的数。三种不同的运算方法体现了孩子不同的思维发展水平，但都具有合理性。学生在掌握不同算法之后，便能根据数量选择合适的方法进行计算，发展运算的灵活性。

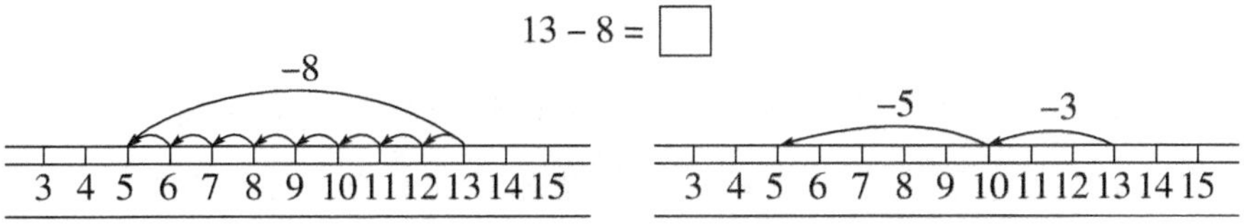

图 3–11　北师大版小学数学一年级下册“捉迷藏”数线图

2. 在数形结合中发展运算的最优化

点子图是两、三位数乘一位数乘法的工具，学生要会利用点子图探索算法，理解算理，在体验算法多样化的基础上选择最优的算法进行运算，提高运算的灵活性与简洁性。以“蚂蚁做操”为例，学生自主在点子图上圈一圈、算一算，不同的方法只要合理即可。教学需要在此基础上往深再走一步：“哪种方法运算起来最简便？”学生在观察、交流中不难发现第三种圈算方法，不仅计算最简便，还有利于理解乘法竖式的算理，这就是多种方法中最优的一种（如图 3–12 所示）。

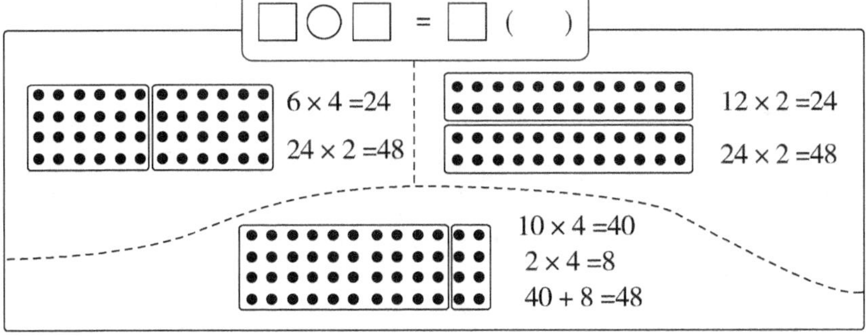

图 3–12　北师大版小学数学三年级上册“需要多少钱”点子图

三、“三图”在教材中的实践启示

（一）“数”与“形”的辩证关系

数与形虽然分别归属于两个不同的知识板块，但从教材的内容安排和教学实践中我们不难发现，数与形是密不可分的统一体，两者相辅相成，相互作用。著名数学家华罗庚先生曾写出“数缺形时少直观，形少数时难入微。数形结合百般好，隔离分家万事休”的诗句，这也说明数与形间那种不可意会的特殊关系。

1. 数形一一对应

数产生于“数”，而“数”则是需要借助相应的实物或图形来达成，因此只有当数与形一一对应起来，只有将抽象的数学语言与形象的图形表征结合起来，才能真正地实现抽象概念与具体形象发生链接、产生转化，从而化难为易、化繁为简、化抽象为直观。例如二年级上册“有多少块糖”这一课，是乘法的意义的初始课，课中出示了一幅排列整齐的糖果图（如图 3-13 所示），将其进一步抽象就是一个点子图，如此一来学生通过数（shǔ）点子图的过程产生加法或乘法，使得乘法与数（shǔ）点子图对应起来，一是可以让学生明白加法与乘法间的关系，此外对于乘法的意义“表示几个几是多少”有更深刻的理解，从而再辨析 3 个 5 或 3 个 5 的关系就有据可依了（如图 3-13 所示）。

图 3-13　北师大版小学数学二年级上册“有多少块糖”情境图

这样的例子数不胜数，例如数的学习中，我们常常看到使用小棒、计数器及点子图等直观的图形或实物，就是为了让数与形一一对应起来，借形译数，从而提供了更适合儿童学习的素材。

2. 数形相互联系

数与形在一一对应的基础上，通过数的抽象与形的具体之间建立起到潜移默化的联结，建构相互间的关系，从而促进学生更加深刻地理解知识本质和挖掘知识的内涵。例如，探究“等底等高的平行四边形面积相等”这一结论，如果能借助下图（如图 3–14 所示）来进行解构，便能更加直观地得到一般化的结论，我们还可以进行举一反三，既可以从图中分析出这个结论的内涵，也能从结论中抽象出一般化的图形，这就是数形结合的最大作用，数与形间能相互影响、相互作用。

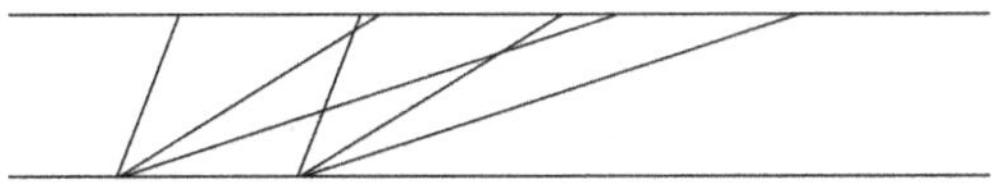

图 3–14　“等底等高的平行四边形面积相等”示意图

再如我们在竖式计算中，常常用到点子图和矩形图辅助理解竖式计算每一步的意义，这些图与运算都存在着密不可分的关系，而学生借助这些图又更能深刻理解乘法的意义与内涵。除法计算时，我们又常常需要让学生把分实物抽象成分图形，这又是从形象到抽象的过程，更是符号化和数学化的过程。因此我们不难发现，其实数与形总是存在于我们数学学习中，只是表现的形式不一样，但是却始终保持数与形相互联系的点上。

（二）符合学生学习特征的基本诉求

毋庸置疑，数形结合就是学生在数学学习中的重点，而小学生，特别是低年段的学生的认知，是从形象到抽象、低级到高级的一个发展过程。此外，小学生的思维以形象思维为主，那些抽象的数量关系只有通过直观、形象的图形表征，才能更适合学生学习，才能化隐为显、化难为易。例如，在高年段中我们常会遇到这样的题目“$\frac{1}{2}+\frac{1}{4}+\frac{1}{8}+\frac{1}{16}+\cdots=?$”如果要让学生通过计算来理解无限加下去的结果就是“1”，可能学生没有办法理解，但是如果能借着面积模型（如图 3-15 所示）进行解释，学生可能会恍然大悟。

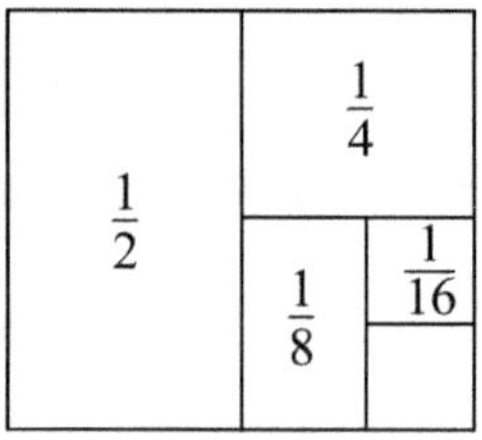

图 3-15　面积模型图

这样一个面积模型图将无限的计算直观地表达出来，无限地加下去就是这个正方形的面积，也就是单位“1”。因此，这样对于六年级的学生来说是可以接受的，也是符合他们的学习特征的，更是他们学习方式上的诉求，即变繁为简、变抽象为直观。

（三）“数形结合”是小学阶段重要的内容

一至六年级十二册数学书中近 400 节新课时，单纯在数与代数领域“三图”与数的结合使用就有 108 节，而且还有其他领域中涉及数形结合的案例也有很多，因此从数量占比来看都足以说明它的重要性。此外，从教材编排上来看，数与形的内容没有被人为割裂，而是交替出现且螺旋上升的，这也就说明教材本身就提供了很多的数形结合的教学契机，并为学生的学习提供了思维发展的保障，这同样证明数形结合在小学数学的地位和重要性。

小学数学教材将数形结合思想贯穿在整个数学体系中，通过以上“三图”在数与代数领域的具体应用的分析不难发现，其内隐价值可能超出我们教师的预设，但也给予了我们警醒，作为教师，一定要把数形结合的教学放在重中之重的位置上，因为它不仅能提升教师的教材解读能力、单元整体设计能力，更重要的是让学生在探索数学奥秘的过程中发展了思维和提升了素养。

问题 20：如何实现从研究到论文？

在教育科学的时代，有研究基础的学术论文才有市场，才有说服力，也就是说，我们教育领域已经把实证研究放在首位，而不再是空谈经验，更多的是要给我们的经验找到相应的理论支撑，并通过实验或研究来证明其可行性。因此，如果我们要在高质量的刊物上发表学术论文，除了主题要是热点外，还一定要有研究过程和结论。那么作为研究性的学术论文，一般化的规范操作将成为我们论文形成的步骤，我们也可从中逐步建构起论文的框架和形成独特的表达，真正地写出有特定意义的学术论文，将自己的经验贴上理论的“标签”，为自己的研究提炼推广成果，更让自己的认知提升高度。

学会在文献检索中形成论文主题

笔者习惯在确立研究课题的主题或学术论文的核心问题后，首先上知网查阅文献和检索文献，然后再开始阅读文献。因为在确立了问题后，我们对它已有了一定了解。接下来，我们再去检索和阅读他人的文献，去了解前人做了什么、有哪些基础，这样就能知道我们在原有的基础上能贡献什么。当然，要知道自己研究的贡献在哪里，我们必须要先去比较和分析，去比较我们的工作与别人的不同之处，从而开始对文献进行深入了解。在对文献有了全面了解的基础上，再回头看自己原来的选题或主题，进行细化、修正，确保尽量避免与他人的研究重叠、雷同。

根据关键词检索到的文献可能会比较多，那么我们可以选用核心期刊文章，或者我们根据题目及摘要等留下关键的文章和与自己研究相近的文献，也可以适当地做一些笔记。静下心来将通过各种渠道获得的信息资料进行分类、整理，并详细、系统地记下所查众多文献中研究的问题、目标、方法、结果和结论，尤其是研究存在的问题、观点的不足与尚未提出的问题，客观地做出是非的判断，最后通过创造性思维上升到理论的高度，得出自己的见解，从而提出新的研究设想、研究内容，形成文章的主题。

学会在文献梳理中形成论文框架

虽然说学术论文有相对固定的框架格式，但是我们也可以根据论文的内容稍有一些变化，而文献中有许多可参考的框架格式，我们便可结合自己的研究内容选择适合的框架进行修改或者重构。文献梳理与阅读过程中最重要的是记笔记，每篇文章可按照研究的主题或相关性，进行文章关键信息点的提取，然后对文献进行分类，放在不同的文件夹中，便于写文章时进行针对性选取引文。当然，现在有很多相关的软件，能使得文献梳理更加高效，例如 Endonote 软件的功能很强大，文献的搜集、阅读，全文的下载、归类，参考文献的插入等，能节省不少的时间，而且比之前的纯手工添加和修改，更加高效和信息化，便于查阅和调取。比如笔者的深圳市重点资助课题“基于绘本的小学低段数学教学内容创生研究与实践”，研究过程中撰写了《数学+绘本，碰撞不一样的思维火花》一文，就是在文献梳理中得出了如下的框架：一、缘起：绘本在数学学习创新价值“是什么”；二、路径：绘本在数学学习创新实践“做什么”；三、展望：绘本在数学学习创新得失“有什么”。用三段式，并且用递进式的“为什么”“做什么”“有什么”呈现了研究的过程和成果的凝练。此外，我通过文献梳理就已经大致知道了哪些内容是前人已经有的研究、哪些又是空缺的，我们可以有选择地利用手中的素材、案例进行内容组织和论述，这样的框架具有一定的专业表达形式，也有助于文字的形成。

学会在框架搭建中形成论文雏形

框架就像是一所房子的结构，有了它，房子才能稳固地“立”起来。文章也是如此，有了框架后，我们的文章就有了骨血，有了立体感，我们在写作和补充案例时才更有了针对性。如上面提到的《数学+绘本，碰撞不一样的思维火花》一文，在“为什么”这个板块里我们从三个方面进行论述，即素材“有趣”，能引燃探究的欲望；素材“有味”，能提供探究的情境；素材“有料”，能指向探究的内涵。它们是从学习素材的视角，从回归数学学习本质的路径，从学习方式变革的初衷来进行“数学+绘本”融合研究的。“做什么”这个板块是整篇论文的重点。因此，我们根据整个研究过程提炼出对应的流程，即：一是梳理素材，整理知识点；二是数绘融合，改编生长点（三个策略：删除“无效信息”，凸显生长点；改编“故事情节”，创造生长点；增加“生活应用”，拓展生长点）；三是绘本创作，激发想象点（三种处理方式：续写绘本，延伸知识；改编绘本，丰富表达；独创绘本，创造故事）；四是课程统整，打造内涵点。在最后一个板块中我们围绕“有什么”，这里主要是讲我们的研究有什么收获与展望。有了这样的一个框架后，我们又针对每个板块选择了实验过程中研究的课例和案例作为写作素材。因此论文的基本雏形也就出来了，论文的表述也就完整了。

学会在修改文稿中形成论文表达

学术论文还是有专业的表达方式的，我们需要收集充分的资料并想好它们的表达方式，有了清晰、较扎实的基础材料后，把层次分清楚，一级标题要在同一个水平上面，一级标题里面再分一、二、三个小问题，这样文章的组织就非常有序了。那么，怎么能让我的文章更有学术味和更专业一些呢？我们有些教师撰写的论文，有研究问题，也试图阐释，但是却更像工作汇报或总结。首先，要有学术的表达方式，所谓的学术书面语表达方式，它要和“你真棒”“你好有趣”等这样口语化表达区分开来，观点性语言要正确精练，材料性语言要活泼清新，论述性语言要严密充分。论“理”说“法”通俗易懂，具体客观。其次，要遵循学术规范，比如做好注释、文献标注规范，包括图表，特别强调的是图文的对应，应当处理好数据的细节。注释和参考文献是有区别的，直接引用算作为参考文献，注释主要是一个解释，不是直接引用。再次，要有个性化的学术表达，要用自己的话语，形成自己习惯的话语体系，可以将教育教学的实践在学科教学论、教育哲学的范畴中找到理论根基，这不仅能加深文章的深度，也能增添学术的味道。那么，这样的一个写作过程中，不断地修改是一个不可或缺的部分，笔者现在也常常帮助一些教师修改稿件，其一是对其学术表达上的修正，还有一些论点和论据方向上的把握，但是一般都是要来来回回几次才能将文章定稿，这个过程看似有些繁琐，但是恰恰在这个过程中，我们不断地完善观点的论述，规范语言的表述，让它成为一篇较为符合发表要求的论文。所以好文章的“炼”成，一定需要经历不断修改、不断完善和不断淬火重来的阶段，但是当我们将论文打造成为一个题旨明确突出、文脉贯通的有机整体时，写作后的那种尽兴、成就感和放松感则是前所未有的体验。曾有一个前辈告知笔者，他的文章没有修改过 10 遍，不敢发给编辑。好文靠修改而成，这并不是一句空话，而是实实在在的忠告。

论文写作其中一个途径就是科研成果或课题研究成果的提炼，是深化原有研究成果、提高自身研究水平、发展自身研究能力的又一重要实践活动，也是进行学术交流和研究成果推广的重要形式。其实也是对自我的一种欣赏和价值体现过程，于笔者而言，它是一种乐在其中的感受，享受了专业成长的红利，也收获了很多不一样的成长快乐，也期许我们的读者、同伴能收获这般快乐与愉悦，在专业发展的路上能有多一种可能。

问题 21：如何实现从热点到论文？

教育热点就是指教育界关注的焦点，是当前教育界讨论的热门话题。它既有对当前发展形势的判断和梳理，更存在对未来进化趋势的预判和设想。它可能是伴随某个重要文件的颁布而产生，可能是某个重要会议的精神要求，也可能是教育实践中学生、家长和教师迫切需要改善的问题等。这些也恰好是一些刊物稿件的方向，它们一般都会对这样的热点稿件需要量比较大，例如在2022 年 4 月颁布了课程方案和各学科的新课程标准，那么可能在很长的一段时间中，课标的话题一定会是热点，也是编辑老师更为关注的内容。那么作为一线教师，寻找热点、转化热点和表达热点，是非常关键的能力。

如何寻找热点

热点的来源有很多，但哪些会是刊物和编辑们重点关注的呢？首先，当前的热点问题一定聚焦在 2022 年版的新课程标准。例如我们义务教育阶段的数学课程标准，提出的数学课程要培养的核心素养“三会”，即会用数学的眼光观察现实世界、会用数学的思维思考现实世界、会用数学的语言表达现实世界；数感、运算能力等十大核心词变化为十一个，增加了“量感”这一核心词。那么近一阶段“三会”和“量感”是“出场率”比较高的，这也说明了大家都在追逐热点，而这样的热点又是有价值的，因为我们一线教师需要对这些新内容有深刻理解和认知，需要有专家和名师的解读和引领。还有就是新课标中提出的“结构化”“项目式”与“主题式学习”等提示词也是我们值得关注的话题，这些都将在未来指引我们教学或发展趋势的。所以热点永远是我们教育领域讨论的话题，有了话题就有了研讨，有了研讨就有了改善。

此外，每年各级各类课题申报，文件中都会有一个附带的课题指南，这里面就会有很多可供参考的热点话题和主题，还有就是各级教育部门立项的课题，笔者会从他人的课题申报标题中挖掘一些主题，这也可能是热点的来源之一。当然课题指南和立项课题都相对会比较“大”一些，我们的热点要尽量地再加工，要么往“深”挖，要么往“小”落，要么往“片”开。这一过程也是我们再次对热点的理解和深化，对于我们将其转化为论文奠定了基础。我们很多教师会忽略一点，就是深入了解期刊。一般情况下，笔者在每年 1 月份都会把各大刊物收集起来，这里面一定有一年的征稿计划，那么我们就可以针对这些热点、结合自己的研究去撰稿了。另外，就是在阅读期刊文章的时候，也可以留意其特点，这也将为我们把握热点提供参考。找到了热点，就有了撰稿的主题或话题，这就是我们论文形成的一个地基，有了它，文章这座高楼才能建起来。

如何转化热点

将热点转化为论文的关键在于提出有价值的问题，然后提炼成论文选题，再到论文框架和内容写作。我们可以从教育发展需要提问题，学科教学需要提问题，个人研究需要提问题等入手。如，教育发展中提出问题：近年来立德树人、五育并举、学校高质量发展等，都是热门话题。笔者在参加一次全国品质课程建设研讨会时，就提出了如何借鉴河南省郑州市金水区的经验推进区域性学校课程体系建设的思考，撰写了《区域性推进课程体系建构的若干思考——第四届全国中小学品质课程研讨会撷采》一文，这也算是当时的一个热点问题了。因此抓住这个点，提出了自己对于学校课程体系建设的一些想法，也浅谈了课程建设的路径。学科教学中提出问题：学科教学是我们论文形成的重要载体，它存在于我们教育生活的点滴中。如我们常见的就是课标要求和我们现实教学存在两张皮的问题，很多教师还是穿着“旧鞋”走“新路”，或者抱着“新瓶”装“旧酒”的思维，去看我们的新时代教学。如，新课标如何在教学实践中落地？如何创造性使用教材内容？如何从落实数学常规中提升学生的核心素养？等等。这些问题都与我们的教学实践紧密关联，我们需要从这些热点中找到既小又合适的问题展开研究，形成论文。个人研究中提出问题：从我们自己的研究领域中找到热点、找到问题，这是切合我们写作思想的，因为它是我们最熟悉、有素材、出特色的写作点。例如笔者在参与教育部"十三五"规划课题"生长教育可视化评价系统的开发与应用研究"时就撰写了《综合素养评价可视化：深化教育评价改革新路径》《综合素养评价可视化：价值、路径与实践》等论文，还出版了专著《儿童生长看得见》。我们聚焦"学生综合素养评价改革"这个热点做文章，用"可视化"这一信息技术手段，拓宽了教育评价的发展路径，也具体化了评价落地的实施路径，这样的热点转化还是能得到很多教育者的关注和重视。

如何表达热点

论文的专业表达是编辑用稿的决定性因素，那么我们怎样才能使我们的热点文本表达清楚、专业、引人入胜呢？首先，要具有时效性，既然是热点，那就一定是有时间保鲜期的，可能在当前阶段我们的热点是新课标的相关变化和要求，过一段时间我们的关注点可能又聚焦到新课标的实施上了，特别是在课堂教学中的实践运用。要增强时效性，我们必须得跟着政策走向，多阅读相关书籍和期刊，理解其中的一些热点的内涵，结合我们自己的研究思考我们的落笔点。具有时效性，这样我们的文稿才能拿下第一印象分，进入初审阶段。其次，要具有审辩性，也就是要具有个人印记，要有自我特色，这样的表达方式需要自己在场，更需要有自己的深度思考去打动人，引起他人的共鸣，那么不妨对于一些有争议的观点，多一点尖锐的表达，多一些反向的思考。凡事都有正反两面，教育的观点也是一样的，利弊是相伴的，只是我们作为教育者如何去判断，怎样将其作用发挥至最大，把弊端压缩到最小。再次，要具有独特性，同样一个热点我们怎么表达出独特的感觉呢？这就需要自我有足够的积累，对问题的看法有深度、有广度，更要有高度；也需要巧妙借势，利用读者的好奇心和同理心，将读者吸引到我们表达的内容中，起到事半功倍的效果。最后，要具有新颖性，也可以理解为有新意，虽然都是大家在谈论的热点，但如果我们选择的角度、表达的方式或陈述的论调，都有特别的地方，那么这些文字也一样能抓住读者的眼球，例如写作体裁上的变化、写作人称的变化等都可能成为突破点。热点的表达还有许多关键点，如要能抓住读者的“痛点”展开论述，便能唤醒读者的情感与情绪，引发共鸣；具有励志的功能，便能让读者很振奋且受益匪浅。

热点文章就像是崭新且令人激动的时髦产品，它可以更好地满足读者好奇心，给予作者更高的关注度。我们不扭曲事实、不误导舆论，将自己融入热点认知中，思考教育教学的内涵，完善教育教学的实践。将热点转化为论文，将自己的认知融入论文中，成为自我思想的传播者。

【例文】

区域性推进课程体系建构的若干思考

——第四届全国中小学品质课程研讨会撷采

深圳市宝安区西湾小学　陈永畅

新课程改革已经走过了 18 个年头，都是全国各地穿着“新鞋”走“老路”的现象比比皆是。近年，虽然有越来越多的学校注重学校课程建设，但是基本都还是停留在零散、线性的课程架构居多，很难有系统化的课程体系，而这次河南省郑州市金水区的学校能基于课程哲学、课程目标、课程内容、课程实施、课程评价等，梳理出较为完整的课程体系实属难得，全区学校百花齐放、各显异彩，同一个框架却有不同的解读与诠释，笔者有幸亲临现场，从课堂展示到课程建构过程研讨深入了解，收获颇丰，也深感看点很多，在此撷取几点与读者共勉。

看点一：厘清职责，发挥各自岗位职能

课程建构对于学校来说就犹如鸡肋，食之无味，弃之可惜。实际上学校也十分渴望能建构基于学校核心文化视角下的课程体系，但是往往缺乏理论的积淀，最后打造出来的多是皮肉不符、差强人意的课程文化；而金水区的区域性推进策略则是很好的借鉴，让专业的人在各自专业的领域上做自己擅长的事情。因此，厘清各自职责，发挥各自的作用便能事半功倍。

第一，教育主管部门要扮演支持者。区域性教育主管部门要做好坚实的后盾，为学校提供政策和经费的支持。金水区能基于项目推进，与上海教育研究院深度合作，实施跟踪式的研究是值得学习与借鉴的。这不仅为学校提供了很好的专家团队，理论基础得以保障；而且能开辟专项的经费支持学校的课程体系建设，让学校没有后顾之忧，能专注地去实施研究；而对于主管部门来说，资源要比学校多元，实行了区域性的推进不仅充分地与高校等专业研究机构建立了合作桥梁，能辐射更多学校，更能省人力、物力和财力。因此，作为主管部门要做的是与高校或专业研究机构建立合作，为学校的课程建设提供理论的帮助，真正地实施从经验性往科学化发展。

第二，校长要扮演设计者。校长是一个学校的灵魂，他应该具有一定的课程建设意识和课程框架雏形的搭建能力。金水区的校长不简单，如优胜小学校长刘辉基于“优教育”的教育哲学及育人目标，设置了“大拇指课程”体系，从“简优课堂”“名优学科”“乐优节日”“美优之旅”“创优社团”“润优环境”六个方面践行“优秀，在这里生长”的课程理念，从而实现了“让每个孩子成为更加优秀的自己”的办学理念。这就是校长的课程领导力，更是学校“设计”能力的体现。因此，现阶段的校长不应仅仅有“刷分”能力，更应该是学生赖以生存的课程的研发与设计者。

第三，一线教师要成为课程研发的具体落地者。又该如何定位呢？课程研发不是摒弃国家课程另辟蹊径，而是基于它的拓展与补充，或者给予营造更适合学生的探究环境与素材。金水区未来小学王攀老师基于戏剧开发“梦之π”英语的课程，一是从学生语言学习的特征出发，二是营造了一个学生能充分联系语用的情境，这就是课程的创新，更是课程的另一种形式的表达。对于一线教师来说，可能开发一门课不难，但是冠以“课程”就不容易了，因此金水区给了一个课程开发的框架：课程目标（纲要）、课程内容、课程实施、课程评价等几个维度打造科学的课程，从而形成学校完善的课程体系。

看点二：重视课程，明确深层育人功能

一直以来课程被视为“育分”工具，而非“育人”的良方。因此课程形态和学习方式都变得并非原来所期待的样子。而全国教育大会、全国基础教育工作会议中强调教育要发挥更大的作用，要基于培养什么人、怎么培养人等主要问题，塑造德智体美劳全面发展的时代新人。因此课程应该如何赋能主要体现在以下几个方面。

改变观念，从学科育知到学科育人。课程改革前期，我们可能更多关注学生的学业成绩，关注学生的基础知识与基本技能，这是育知层面。现阶段，我们可能会发现很多孩子的价值取向出现了偏差，个人主义盛行，因此课程已经肩负起更多的责任，不仅要育知，更要育人。金水区的学校充分利用地域优势，将母亲河——黄河作为课程资源，通过“徒步黄河”增强学生意志力，通过黄河水样质量探究活动培养学生的协同合作、钻研精神等品质，真正地把课程打造成“育分”与“育人”双向并行的媒介，这就是课程建设的最高境界。

回归本质，从以教为中心到以学为中心。要真正地变革长期形成的教育教学方式，并不是简单的事情，但是也只有回归本质，从“人”的视角下去改

变教育教学方式才能促进创新人才的培养。金水区的探究性课程，以问题驱动为引子，以探究活动为路径，通过了师生间的研究形成学生思辨性思维。如优胜路小学张敏老师“面的72变”，通过了面的存在形态，将数学的分类、面的历史、面的文化、面的功能等融入课程中，虽说课程也存在问题不够集中、探究不够深入等不足，但是有这样的尝试就是一种成功，教师能俯下身子，改变自身的角色姿态，真正成为学生的引导者和协助者，退居幕后，让学生成为学习的主角，并不简单。

看点三：追求品质，设计适合课程体系

品质，一种向好的倾向；而课程改革本就是一种不断探索与修正的过程。因此我们总是要保持一种追求不要优化的精神去做更具品质的事情；从另一个侧面来看，也只有高品质课程，才能满足不同阶段的新时代孩童。

价值引领，让课程建构内涵化。当前，很多学校的课程建设风风火火，但是可能还存在课程与学校文化是两张皮，社团课程就是仅为学生的拓展学习课程，并未从学校的核心文化入手架构学校课程体系的问题。实际上，课程建设的价值引领，不仅能提升学校的核心文化，更能凝练出学校的办学理念。如纬三路小学以“智润课堂、惠润学科、大润研学 、行润项目”等课程实施路径打造学校的“润教育”，这就是学校整体文化的呈现，而当课程文化有了较高的价值追求，学校的文化也就变得更有内涵。

制度保障，让课程建构常态化。课程建构不是一蹴而就，而是长期不断精进的过程，唯有常态化的实施，才能形成一个庞大体系。为此，作为学校必须要有制度保障与运行的机制，并真正把一线教师的作用最大化，让教师成为学校课程研发的主导者。金水区通过自上而下区域整体推进，以“金水区提升学校品质课程的研究与实践项目”“金水区基础教育质量提升项目”“金水区教育信息化建设项目”“金水区‘放权赋责’评价改革项目”四个项目，以及

“着力学校文化建构”“致力学校课程规划”“聚力学科课程建设”“角力课堂生态重构”“蓄力综合课程设计”等五大行动分阶段、项目化、有步骤地实施学校课程建设才能得以全区百花齐放、荟萃纷呈；另一方面，制度就是一种无形的管理，人都有一种惰性，给予无形的压力方能激发最大潜能，让其追逐更高品质，打造更适合孩童的课程体系。

观念修正，让课程建构系统化。课程从校本化到本校化应该注意的是一定要基于国家课程的基础进行建构，而非推倒重来、另辟蹊径。因为国家课程肩负的育人功能具有普适性，是学生素养提升的综合载体，而我们要做的是优化与拓展并与学校文化进行有效的整合。基于课程最高意识形态的观念上去建构，才能将课程的育人功能真正地体现出来。也只有观念对了，课程的设置上才能真正地围绕国家提出的培养全人的理念上去下功夫，也只有如此，才是真正意义上的“课程”。

课程变革风起云涌，祖国大地硕果频现；但我们始终要保持清醒和批判的视角审视，让课程建设向“品质”“高品质”一步步发展，让课程建设一直在路上，时代的变迁，课程建设要根据学习对象的变化而变化，不能一劳永逸，坚持课程为孩童服务，坚持课程为国家育人服务。

问题 22：如何撰写教育叙事？

教育叙事，即讲有关教育的故事，它是在教育学生过程中发生的教育或教学故事，它是教育主体叙述教育教学中的真实情境的过程，其实质是通过讲述教育故事，体悟教育真谛的一种研究方法。当然，不是为讲故事而讲故事，而是通过教育叙事展开对现象的思索，对问题的研究，是一个将客观的过程、真实的体验、主观的阐释有机融为一体的一种教育经验的发现和揭示过程。所以，这个故事中隐含了哲理等。那么这样的文体我们该如何来撰写呢？

叙述一个完整的教育故事

一个完整的故事包括了事件发生的时间、地点、经过和结果，一般由“背景+事件+反思”三部分组成。背景部分，要交代故事发生的时间、地点、人物、起因，但无须面面俱到，关键在说明故事发生的特别原因和条件。当然也可能会提前先把自己的思考在此次埋下伏笔，让读者能带着思考走进我们的文本，所以一般在开头交代背景时，都会用夹叙夹议的形式，让读者对故事和道理都有初步的感受与理解。事件部分，要陈述真实的故事情节，并聚焦于一个鲜明的问题或矛盾。在描述过程中要有细节描写，力求生动、引人入胜。整体表达上可先描述后分析，可叙议结合，或夹叙夹议。这部分是整篇文章的重点，因此我们在陈述时，语言要准确流畅、生动形象、合乎语法规则，尽量增加一些鲜活和变化语言表达，让人读来有趣、有味，如沐春风，清新宜人。另外，在一般情况下，我们都是以第一人称的方式叙述自己研究过程中所发生的一系列教育事件，它是一种自我教育故事的讲述，也是一种行动研究的方式。反思部分，就是为教育教学行为找理论，进而分析和思考，将先进的教育理念和教育智慧，渗透在教育事件的处理中，也是通过对教育事件的应对、处理过程中反映出教育者对教育理念的认识、把握和运用，凸显教育者的教育思想。这部分的内容一定是少而精的，它是点睛之笔，但不是整篇文章的重头戏，更多的是对事件的总结、提炼和点亮。

教育叙事就是将教育教学中具有一定教育意义的故事用记叙文的形式写下来。故事中又能看到不一样的教育价值和教育启示，可能是事件蕴含着某种道理，或要揭示某种教育规律；也可能是反映了教师的具有实践价值，或具有值得其他教师学习和推广的教育教学经验；也可能是反映某些教育现象，揭示一些教育问题。这个过程，都是借助一个完整的故事来启发我们懂理、明理、悟理，彰显了故事的魅力。

把握教育叙事的特点和类型

教育叙事要突出五大特点：真实性、人物性、情节性、可读性和哲理性，故事一定是真实发生的，而且是自己在场的，有跌宕起伏的故事情节，能让人有悬念感或触动其思考，语言要颇具可读性，最重要的就是它应该具有揭示教育规律和教育现象的哲理性质。如笔者《“朱”痛了孩子的心》一文，揭示了教师们的言谈举止在孩子们心目中的重要程度，文中写道：班上一个朱姓的学生，一次偶然的提醒中，教师无意拖长了姓氏的读音，但是“朱”与“猪”是同音，加上这个小孩的体型偏胖，就容易给他带去心灵伤害。这是一篇典型的叙事类文体，故事是真实发生的，人物特点很明显，而且情节中也隐含了教育的哲理，独特的写作视角增加了文章的可读性。

我们可将教育叙事分为个案处理、教育管理、生活感悟三个类别，例如《我班有个“毛岸英”》一文，讲述的是班级上有一名特殊儿童，他总说自己是毛岸英，后来教师给他讲述毛岸英的故事，不断地去约束他的行为举止，让他变得更好，这就是个案处理类。《我与孩子一起“作弊”》则讲的是班级里有一个学生把自己的试卷藏起来，不敢给家长检查，后来笔者就将试卷讲评课变成了“二次”考试，也就是让学生在认识倾听、订正的基础上，教师再次给他们打分，这就属于教育管理类。另外，笔者与女儿发生的故事也成为教育叙事的素材。一天，妻子照顾1岁9个月的女儿上厕所，结束时为了方便为她擦洗妻子对她说：“低头。”而我在一旁不经意也补上了一句：“低头思故乡。”翌日，妻子在照顾她上厕所时说“低头”，女儿突然也冒出一句：“低头思故乡。”这便可看到我们孩子的接受能力与模仿能力是多么强！后来笔者用《警惕“隐形教材”》记下了这一事件，并将这一教育故事背后的道理隐含其中，这就是生活感悟类的教育叙事。

了解教育叙事的基本要求

第一点，事件不可杜撰，必须发生于真实的教育教学实践中，每篇文章可能是由一个或多个教育教学事件组成的，但是要表达的教育教学“问题”是同类的，它们都反映出一个教育哲学。第二点，呈现方式以“叙述”为主，夹叙夹议、叙议结合，它是我们在反思教育教学问题的基础上，以第一人称撰写的教育事件。因此需更多地描写自己在教育教学事件发生时的心理状态、道理领悟和认知判断，具有一定的故事性和可读性。第三点，语言要生动、深刻，文中应该有人物的语言、内心的活动，不是简单地记“流水账”，而是有具体、生动和深刻的表达。第四点，故事要能起到一定的启迪作用，要给读者有所启发，能突出教育价值，那么事件需具有一定的典型性，当中蕴含着丰富的教育理念、教育思想和教育哲理。第五点，要具有指向性的问题，好的教育叙事要有一个照亮整篇文章的“问题”，它不是简单地把事情原原本本记录下来，而是捕捉教育教学活动中产生的、蕴含的问题，通过这个问题再引出教育的思考。上述的应该是教育叙事最基本的要求，但是像提炼吸眼球的标题、修饰精美的“凤头”、打造隽永的“豹尾”，也同样能使我们的教育叙事增色，因此教育叙事要与教学案例和教学论文区分开来。

教学案例是教学的整合，是在教学叙事的基础上，围绕某个核心主题，选取若干个有典型意义的、多种角度的教学故事来进行研究、反思和讨论，它更偏向用案例来说理，而且理是文章的关键。教学论文则更多以“议论文”的形式呈现，以说理为目的，以议论为主，附以论证；教学叙事是以叙事为目的，以记叙为主，兼有说明和议论，也就是说，教学叙事是讲故事，通过讲故事来说明道理。

【例文】

“朱”痛了孩子的心

深圳市宝安区西湾小学　陈永畅

那天第六节才是我的数学课，当我走进教室眼前的一幕让我傻了眼：孩子们还沉醉在美术课中，颜料、纸片、画笔散落一地，学生欢呼雀跃、你追我赶。于是费了九牛二虎之力，才让孩子们做好课前准备，静下心来，可我还是依稀闻到了战争爆发的火药味。

“同学们，胖胖和瘦瘦是一对好朋友，可今天却吵起架了，想知道为什么吗?”为了吸引孩子的注意、激发孩子的兴趣，让学生体验三角形内角和相等，我煞费苦心准备了这个故事情境。可还没等我说完，在角落的一边就已经此起彼伏地响起了“交谈”的声音了，于是，我边讲述故事边轻轻地走近他们用眼神提醒他们。当眼神相接时他们还是有些畏惧，因此课堂慢慢地静了下来。

可是没过多久，孩子们又兴奋起来，更让我抓狂的是，这时在原来的角落里不断传来嬉笑声、打闹声。我实在控制不住自己的情绪，大声地提醒喊道：“朱——”（我拖长了音）。本想这样能在我没叫出孩子的名字前，他意味到我是在提醒他，或者能马上地改正自己的行为，也算给他留点儿面子。但让我意外的是班里调皮的孩子也学着我的叫法：“猪——文豪”，叫出他的名字，此刻班里的同学们哄堂大笑，都把此“朱”理解成了彼“猪”了，还有些同学也不断地重复着“猪——”坐在角落的“朱同学”脸上乌云满布，眼泪一颗颗地掉了下来，并紧握双拳和用仇恨的眼神对视着这些取笑他的同学，班级里一场腥风血雨的战争就要爆发了。

眼看着事态就要发展得更加恶劣，我马上说：“孩子们，你们知道吗？错别字让我们坏了很多的大事，我给你们讲个故事吧。”孩子们才就此罢休，静静地等待着我讲故事，我讲述了一个因为一份有错别字的合同导致了一个公司破产的故事，让孩子们理解到这样的玩笑有时是开不得的。

看着坐在一边很委屈的朱同学，我的心很痛，因为我一时的大意却给他造成了无法弥补的伤害，虽然此刻我已经在尽力地修补，却也无法恢复原状，更在他的心灵深处留下了阴影。下课后我把他找到了办公室，真诚地给他道了歉。

经历此事，我才真正发觉教师的责任真的比想象中的还要重大，我们的一言一行、一点一滴，都将影响着学生们。也深知只有用正确的言行照亮孩子的成长之路，我们才是一名真正“教书育人”的教育者。

问题 23：如何撰写教学案例？

教学案例是指教育教学的实施过程中发生的真实事件，是教学的组织方式与方法、教学手段和教学策略的运用，以及对学生进行干预的经历。因此一线教师很容易把它写成教学设计或教学实录，但实际上教学案例跟教学反思比较相近，都是记录教学过程中有意义的事件，然后发表自己的思考。所以可能有的教师会觉得这样的文体跟上述的教育叙事差不多。应该说它们确实有共同点，那就是都是描述真实的事件，但是教学案例侧重描述的是教学事件，即它更多聚焦在教学方式、教材处理、学生生成、突发状况处理等方面，它可能发生在课前、课中和课后，这就是笔者理解的教学案例。

主题选择

教学案例的主题选择是十分重要的，它可能是教学中面临的突出问题，可能是成功启示或失败教训，可能是教育教学中的重点和难点，还可能是教学中的独特思考。那么每一则案例必须有一个鲜明的主题，它反映了教育教学问题，反映了对新教学理念的认知、理解和实践，反映了教学实践中产生的新的思考。例如笔者曾写过《“折一折”也有大学问——基于“三角形内角和”课例的思考》一文，主要讲述的就是我们在研究“三角形内角和”一课时，我们发现很多时候，教材和教参仅要求我们聚焦在锐角三角形和直角三角形的讨论，而很少涉及钝角三角形，因为钝角三角形在“折”的过程中有一个角度是很难折在一起的，那么探究就出现了困难。恰好笔者的课堂上，就有学生提出了这样的疑问，那么我们的主题选择应如何处理学生的课堂生成，我们要不要去拓展、延伸呢？实际上当学生提出了这样有价值的问题时，就是非常好的教育教学资源，作为师者的我们，一定要抓住这样的机遇，让学生能在早早辨析中对三角形内角和有了更全面的认识，那有些教师就会提出，我们的教学是不是超纲了呢？这才是本质，也就是这篇文章的讨论点和关注点，教材和教参都是“死”的，教育教学面对的是“活”人，当学生有学习的需求，有求知的欲望，那么我们就有必要突破壁垒，以学生学习为中心。

写作结构

一般情况下，我们可以把教学案例按“背景+事件+问题+反思”的结构进行陈述，当然也可以按“事件+反思”的简化形式来构建。背景部分，主要是交代事件的理论背景、相关热点讨论等；事件部分，则是要交代时间、地点、教学方式、教材解读、课堂突发状况等事实；问题部分，这是教学案例比较关键的一部分，需要基于现实情境中提炼出一个引领全文的问题，激发读者产生共鸣；反思部分，就是要将案例与教育教学理论间搭建起一座勾连的桥梁，挖掘其背后的道理，让我们的认知提升到另一个高度。经常因为版面要求，我们的教学案例的总字数都控制在2200字内，为了更聚焦讨论关键问题，我们就会采用简化版的格式：“事件+反思”。这样的结构我们就只能把文章分成两部分，前半部分主要是描述课堂教学活动的情景，即具体生动地还原课堂教学中发生的事件，形式可能是讲故事，也可能是课堂片段实录，等等；后半部分则是针对情景中产生的问题进行深度理论分析，即针对描述的情景谈个人的感受，或理论层面上的理解，也就是对问题的分析，也可以是将教育教学理论和教育教学思想隐含在情景描述中，形成夹叙夹议的形式。如果按照完整的四个板块进行结构搭建的话，那么在前面的背景部分，一定要切记点题，即开门见山地提出了对本事件的基本认识。而在问题的板块中则一定要亮题，在情景中抽离出核心问题，最好是热点的、当前所关注的，也是比较合适一线教师讨论的。有了基本的写作结构，文章的形成也就水到渠成了。

素材攫取

教学案例的素材来源很多，可以从教学内容中来，也可以在教学过程中产生，还可能在教学策略的检验中提炼。教学内容上，我们可以在教材解读、教材分析、学情分析和教学设计中遇到一些问题，产生一些灵感，变成写作素材。例如笔者的《“小题”也应“大做”》一文，就是在研读教材和教学实践后，发现了教材的本意，提出了有些题目看起来小，但需要我们教师进行深度设计，将它做大、做深，让学生在学习活动中收获翻倍，思维得以快速发展的现象。教学过程中发生的突发事件、学生生成、教师预设、师生争议等是最为常见的，那么这些又该怎么变成我们的案例写作素材呢？《都是“平均分”惹的祸——课堂节外生枝的意外收获》一文讲述了当学生对平均分有了很好的理解时，又产生了负迁移。因此学生在课堂中对题目提出了疑惑，也就是平均分的前提是：分的具体物体应该是一致的，不能仅看数量上的多少，这样的课堂生成是非常可贵的，这是值得我记录并变成一篇教学案例的。教学策略部分，可从教学组织、教学方式、教学实施等展开，可以是对教学目标、教学内容、教学评价等的反思，还可以是对导入环节、新授环节、理解环节、探究环节、对话环节和总结环节等的辨析。如《不妨给自主课堂挖个“陷阱”——以“比较分数大小”教学为例》一文，是从“教学设计该以文本分析为准还是学情分析为准切入教学”这一问题切入的。这就是教学设计的策略，因为教材是以全国大部分学生的基础为准的，那么我们的教学还是要根据我们的学生学情来展开设计，才能更有针对性。由此，不难发现教学案例的素材主要来源于教学实践，只要我们用心观察、有心思考，那么便是唾手可得的。

笔者认为，对于我们一线教师来讲，教学案例从某种意义上它就是教育论文，就是教学能力与理论修养的体现，因此这是一种比较容易切入和形成的文体。当然上述只是一般的模式，仅供我们读者参考。其实，教学案例内容丰富，形式也不拘泥于单一模式，还有很多不同的表达形式，值得我们进一步去探讨和总结。

问题 24：如何撰写教学论文？

教学论文是教师教学经验和教学研究成果在文字上的体现，即教师在日常教学实践中的一些经验或研究的总结。它一般以说理为目的，以议论为主要表达方式。虽然说教学论文没有固定的结构格式，但是基本的建构逻辑是相通的，我们一般按照“问题提出—问题分析—问题解决—问题展望”这样的基本结构进行改进和个性化表达。我们也一般遵循主题选取、材料筛选、框架搭建和论文撰写的流程逐步凝练成文，然后再修改润色并定稿。一篇好的教学论文，它一定能填补理论空白，或激活学术争议，或捕捉教育亮点，或促进深度思考。因此，我们可以从下面几点淬炼我们的教学论文。

论文整体“四要”

我们的教学论文一定要有个整体性，不能是一盘“散沙”，论点与论据间更不能存在牛唇对不上马嘴的关系。我们在撰写初稿前，对我们的论文一定要有前期的规划，包括选题规划、论述结构规划、价值判断规划等，有了整体建构思维，文章才能环环相扣、处处有关联。

主题选取要新。主题的角度选取是否新颖决定了一篇论文成败，如果主题能与众不同、深刻且有现实价值，它能体现出新理念、新要求、新方式和新见解。当然，我们的选题也不可太大或太小：太大，我们作为一线教师往往会力不从心，最后论述言之无物；太小，挖掘不了深度和广度，从而很难深入本质，形成一般化的问题思考方式。

材料组织要实。我们一线教师的教学论文切记不可脱离教学案例，它们是我们论文的重要支撑，也是我们展开说理的有力证据。论文的材料需记录存储、调取使用、统整融合。因此我们在日常生活中就要把一些有趣、有价值的素材收集起来，可能哪天有了一个核心主题时，几个材料就成为我们的论据，例如《概念教学要有“轻”有“重”》一文中用了三个案例：“中位数和众数”“什么是面积”“除数是整数的分数除法”，这三个案例是笔者在不同时期记录下来的，放在了自己电脑的素材存储文件夹中，当有一天笔者有了灵感，发现可以从概念的引入、形成和发展三个角度来陈述小学数学概念教学，将它们统整在一起就成为一篇有价值的文章了。

思路规划要顺。文章的思路规划对我们一线教师来说一件难事，很多教师发给我的文章常常存在着这个突出的问题，有些逻辑关系不清晰，有些论据并不能真正地围绕同一核心论点展开，还有些每个段落间表达比较混乱。因此，一般情况下，笔者习惯先搭建一个写作的框架结构，也就是取几个“小标题”，然后调取相关的案例素材来支撑这些子论点，它们可能是并列式的，也可能是递进式的，当然也可能是按照“问题提出—问题分析—问题解决—问题展望”这样的表达方式，论文的表达方式可以是多样的，我们可以在各刊物学习写作体例，也可以直接根据文章的风格进行构思。

专业表达要准。语言表达是文章的载体，它不需体现出文学性，但一定不可缺失专业性，也就是说数学论文起码要有一些数学上的专业表达和专业术语。那么论文的专业表达，需要我们进行不断修改，只有反复推敲和字斟句酌，文章才会显得具体、准确、生动，才能恰如其分地表述自己的教育、教研成果。我们可以修改什么呢？首先是修改观点，全文的基本观点是否失之偏颇、带有片面性或表述得欠准确，也要看自己的观点是否与别人类似或雷同，有无创意与新意；其次是修改结构，从结构上看，论点、论据、论证三者关系处置是否得当、层次是否分明、脉络是否清晰，能使主题内容得到顺畅合理的表达；最后是修改语言，我们的语言表达是否具有准确性、学术性、可读性等，文字力求准确、精练、简洁、专业，努力做到字字珠玑、句句充实。

论文结构“四要”

论文结构就像是一副骨架，从它就能看出文章的脉络、大致要表达的观点，因此看到它就大致可以想象我们文章的方向、价值和研究路径。因此，我们必须重视框架结构的搭建，要让读者从雏形开始就有一种想继续往下读的欲望。由此，笔者觉得做好如下几点是非常重要的。

绪论要简明扼要。绪论要开门见山、直截了当，也称之为引论，在此处我们就可直接亮明核心观点。不同体例的论文，绪论阐述的内容有所不同。如教学论文主要交代核心观点，我们自己的立场、看法等；研究报告主要写明研究的目的、原因、意义等。但无论哪种体例，绪论都要满足两个要求：第一，交代本研究的目的、意义，以及本研究所要解决的问题；第二，文字力求简明扼要，只需点明问题即行，不必多加铺叙。

本论要充分展开。这是一篇论文的主体部分，它一定要围绕绪论中提出的核心观点或问题，充分地利用案例等证据展开论述，且要注意证据间的逻辑关系。这里一定要将独特的思考、丰富的材料、可视化的表图等合理地使用，使得论文的整体表达具有可读性、直观性、理论性和独特性。不同体例的论文，本论的格式也略有所不同。如运用文献资料为主的研究型论文，一般都将本论部分分成若干部分，或加上标题，或以“一”“二”“三”等，逐层展开论述。而研究报告、调查报告和实验报告等要求较高的论文，本论一定要阐明研究对象、研究方法、研究设计、研究结果与分析、研究结论和研究展望等，形成较为专业的表达格式。

结论要逻辑严密。这是对整个核心观点或研究的小结，它既要简要归纳研究成果或观点，也要提出今后进一步研究的问题和方向。特别在这里我们需要进一步地申明作者的观点、理念和独到的见解，申明为何如此思考，它的理论层面是什么，等等。也要注意与开头形成首尾呼应的关系，表征出具有严密的逻辑，让读者在阅读中再次对前面的内容有提升的感受。

展望要承上启下。首先要小结一下研究得到的结论，然后说明论文还存在什么不足，以后可以从哪些角度进行研究，来完善写的论文。其基本要求就是概括全文、加深题意，对本论和结论中提出的问题再次加以综合概括论述，强调其现状和发展态势，但切记不可草草收兵、虎头蛇尾，或画蛇添足。

论文表达“四要”

论文表达是论文质量的关键，表达切不可繁琐冗长、东扯西拉，要层次分明、前后呼应、首尾一贯、逻辑严谨；但不同类型的教学论文在表达上也各有侧重，并不是固定一个格式。

经验总结型要有深度。虽说教学经验是我们在工作中的感受和体会，是我们对某一教学问题的具体做法的感悟和总结，但总结型论文不等于总结。经验总结型论文来源于教育教学实践的具体经验，但又要高于经验，它是从经验中得出的感性认知，也是对教育教学中产生的思考的梳理、归纳、分析和提炼，挖掘出其深刻的教育教学内涵与本质，从而进一步升华为具有深度的理性见解。如果它缺失深刻的理论高度，仅停留在表层谈感受，就不能给读者带去反思或触动，因此，这类论文我们一定要在深度上做文章，做出与众不同的文章。

研究报告型要有基础。这是基于研究成果直接以论述的形式发表见解的体例，也是针对某一个学术问题给出解决策略的文体。论证过程一般有理论依据或事实依据，理论依据就是用逻辑思维进行推理、演绎或概括，事实依据就是摆出看得见摸得着的事实。因此，此类论文必须依托研究基础来撰写，只有事实越丰实、论证越扎实，才能具有说服力和感染力，从而运用所学得的基础知识和理论基础来分析和解决某一基本问题，体现我们的学术水平和能力。此外，这类论文的格式要求会比较高，一定要根据相关要求来撰写。

理论阐述型要有支撑。基础理论研究对于基础教育一线教师来说，难度还是比较高的，不能空谈理论，那么就可以尝试从实际教学中出发，依托一些教学案例来辅助论述，从而形成一个支撑体系。如教材中数学概念的引入过程或某些定理、公式的推理与证明过程存在一定的问题，教育教学理念在教学实践运用中遇到的困惑，还可能针对当前学科内的一些流派的见解的质疑等都有可能基于理论的视角去寻根，这就需要我们站在理论的高度去审视、阅读、研究和验证了。因此，这样的论文，我们自己一定要判断，有知识储备，能有强有力的支撑，让我们有研究的路径、有清晰的思路去深入。

个案提炼型要有特点。此类论文是基于教学实践中发现的某一规律和问题展开论述的文体，它会从这个问题中提炼出一个核心的观点，而且是一个具有特色的观点，只有这样才能引起读者和编辑的重视。例如笔者的《聚焦“关系”链接，建构“问题解决”模型》一文，即有关小学数学教学中问题解决是一个非常普遍且重要的板块，但是我们的学生真的掌握了问题解决的基本策略以及建构了基本的模型吗？显然还没有完全达到这个效果。因此笔者就以此“回收废品”这一个案，提炼出了这类问题的一般策略，不仅聚焦于一个问题，更突出了解决问题有别于其他类型问题的特点。这类论文要引起大家的关注，一定要具有自己的特色，有让人耳目一新的感觉。

当前，我们许多教师的教学经验丰富、教学艺术水平高超、教学效果突出、教学智慧丰硕，但是一遇到写文章便叫苦连天。其实，有绝大多数的教师并不是不能写，而是不知道怎样写、写什么、写何用。因此，如果想发表文章的教师习得一些教学论文的基本格式，将有助于其专业的发展。

问题25：如何撰写课题申报书？

近几年来，教师们开始慢慢意识到将日常的教学问题转化为研究的重要性，因此也越来越多的教师申报各级各类的课题，但是课题立项的名额是有限的，在评审过程中课题申报书撰写的专业性和特色性就尤为重要了。怎样才能提高我们的立项概率呢？按照填表的规范、突出重点与特色、可视化重要元素等都是关键。

读懂申报书的要求

根据申报书中的每个板块的要求来填写是非常重要的，要不就成答非所问了。每个级别的申报书的要求也是略有不同的，侧重点也是不一样的。例如深圳市教育规划办的课题申报书，它要求报告书中要包括课题研究背景，拟解决的核心问题；核心概念界定、研究的理论和实践意义；国内外研究述评；研究目标和内容；研究理论依据、研究方法和步骤、预期成果、经费分配、保障条件等（字数5 000字以内）。那么，我们必须根据上述的要求来撰写，并且每个板块的侧重点要清晰，例如有关核心概念界定、研究的理论和实践意义一定要有文献查阅和梳理归纳，最后提炼出属于我们本研究的重点。如我们宝安区的课题申报书中则需要按照研究背景、核心问题、核心概念、文献综述、研究目标、研究内容、理论依据、研究方法、研究过程、人员分工、保障条件、预期成果、参考文献等要点逐项填写，且要求具体明确、操作性强。虽然对字数没有要求，但一般也尽量控制在8 000字以内，另外这个格式对课题申报的前期工作要求更细，包括了对参考文献的要求。广东省和全国课题规划办公室的课题申报书跟深圳市和宝安区的又略有不同，因此我们必须根据申报书的要求，读懂申报书中的重点，撰写出符合评审专家“口味”的申报书。像深圳市和宝安区两级的课题评审，评审书对文献综述要求比较高，专家们对文献综述也看得比较重，我们肯定需要在这方面下足功夫，用简要的、概括性的语言或图表来表征。所以，在填写申报书前一定要细细研读要求，有针对性、有侧重点地来撰写申报书。

打磨个性化的文献综述

文献综述是看一个教师是否具有基本的研究功底的一个工具，因此很多评审专家会比较看重这一点，实施者具有研究技能和精神，才能更好地推进研究并凝练出成果。那如何在这一点上增色，提高申报书的质量呢？第一，要将收集到的文献进行分类整理，提炼出具有影响力的观点，也可以根据本研究领域中具有影响力的专家作为分类标准，再对照自己研究的内容重点是否有雷同和相近的。第二，学会用个性化的表述，例如用一些直观的、可视化的饼状图、条形图、折线图和雷达图等，让评审专家能一目了然，能看到我们研究前下足了功夫，更重要的是让人感觉“专业”一些。第三，要多综少述，也就是说在这里我们是要看前人的研究基础，还有哪些研究空白是值得我们继续深挖的，这里我们就主要是把前人的研究成果进行综合分析，少表达个人的论述。第四，尽量给我们的文献贴上我们自己的标签，虽然是别人的研究成果，但也是我们综合几个人的观点，整体提炼的，这是我们自己的标签；另外，在借助图表分析时，加上自己对表图数据的见解，这也是贴上自我标签的又一手段。第五，注意文献综述在整个申报书的占比，一般不要超过四分之一，最好控制在1 000字以内，这就需要我们的语言表达要精练、精准和精细，而图表是不计字数的。因此笔者提倡使用图表的观点，这样能节省一些空间留给文字表达。很多教师不重视文献综述，总是强调自己的研究是原创，那么证据是什么呢？如果没有文献的综述，就无法证明了。因此文献综述一是看我们的研究是否有价值，一是看我们的研究如何在前人的基础上进行拓展、延伸和完善。那么，如果我们把文献综述当成一个重要板块来对待，肯定能收获不一样的惊喜。

关注研究内容与目标的契合度

有些时候我们看教师的申报书很为难，他写的是研究目标，但是在我们看来它其实是研究内容；有些则是反过来，他写的是研究内容，但它看起来更像是研究目标。也就是说我们教师很容易把这两者搞混。笔者在一般情况下习惯先写研究内容，然后再来定研究目标，研究的目标是根据研究内容来确立的，研究内容就是我们要具体做的事情，而研究目标就是我们为使得这具体的事情能落地，能产出成果，用什么样的手段来达到这个目标。这两者是一体的，它们应该具有契合度。例如笔者《小学数学教材内容“动态化”呈现实践研究》这一课题，我们的研究内容为：（1）寻找动态化呈现教材内容的理论支撑和基本内涵；（2）探索动态化呈现教材内容与学生学习、思维发展、知识建构的内在联系；（3）建构切实可行的教材内容动态化呈现的一般化策略；（4）以学习情境、学习活动、探究素材的动态化研究切入点梳理出相关的课例。而研究目标则是：（1）探究提升教师动态化呈现教材内容的能力，进一步提升教师的教材二次开发能力；（2）基于现状分析，选择动态化呈现教材内容这一新的方式，来带领学生开展学习活动，找到一般化的教材使用路径，形成可复制的策略；（3）对比分析使用新的方法后的教学效果，并开展系列化的实践检验，形成具有影响力的研究成果。这两者是相互约束和相互映衬的。

制定研究路线图

技术路线图也称研究路线图，这是很多教师不重视的，但却是评审专家很关注的一个部分，因为它不仅能看到本研究将如何开展，又可清晰地看到每个阶段的研究将如何进行，要产出什么阶段性成果，等等。一般情况下，我们在技术路线图中把研究思路、研究内容和研究方法都融入其中，研究内容是技术路线图的重点。例如“基于跨学科融合的小学数学作业设计实施与研究”这一课题，我们就是按照这一思路来制定研究路线图的（如图 3-16 所示）。

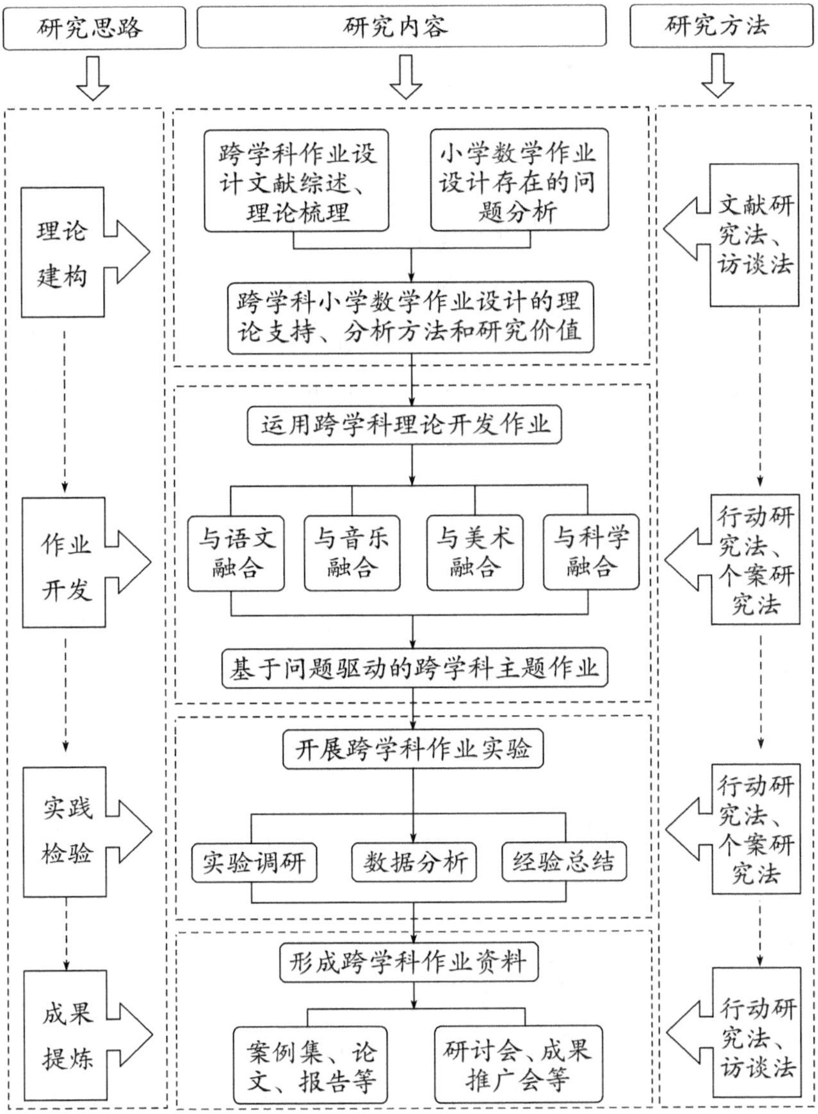

图 3-16　“基于跨学科融合的小学数学作业设计实施与研究”技术路线图

课题申报书的填写看似没有什么特别之处，但是如果再细细研磨，我们就会发现那些能立项的课题均具备了上述的一些特征。因此，如果你也想立项课题，不妨可尝试一下。

问题 26：如何撰写研究报告书？

研究报告书是一种相对固定且特殊的写作体例，它是教育教学专题研究成果的具体表现，是从研究设计到实践检验的实证研究结果，那么这样的写作体例，就应该呈现出一个完整的研究过程，并对研究成果进行简要的凝练和打磨，本着实事求是的精神，完成实验研究的全过程，并得出研究结论和实践经验，确认教育教学现象中必然的因果关系。因此，把握写作结构和突出表达的重点是这类文体的重点。

了解基本写作结构

研究报告书一般由题目、摘要、引言（绪论、前言或问题的提出）、研究方法、研究结果及其分析、讨论（小结）、结论、参考文献等几部分组成。

题目：要求明确、简练、专业，包含有研究对象、研究内容和研究方法。一般不用副标题，字数不宜过长，一般控制在 20 字以内。

摘要：要求准确、精练地概括全文内容，但又不是总结或将文中总起的段落来当摘要，摘要是指概括这个研究报告的研究路径、结果和影响等。

引言（绪论、前言或问题的提出）：引言不是研究报告的主体部分，因此要简明扼要。它包括提出研究问题、介绍研究背景、指出研究目的、阐明研究假设和说明研究意义等，尽量控制在 500 字左右就应切入正题。

研究方法：是研究报告的重要部分，以实验研究法为例，其包括了研究的对象、设计、过程与方法、结果与影响等。

研究结果及其分析：这也是研究报告的主体部分，它包括了实验数据分析、结果陈述和观点提炼等，要求科学性与通俗性相结合、分析讨论要实事求是，切忌主观臆断。

讨论（小结）：这是研究报告的主体部分。其包括研究方法的科学性、研究结果的可靠性、研究成果的价值等，还要提出本研究的后续建议。

结论：这是研究报告的精髓部分。文字要简练、措辞、慎重、严谨、逻辑性强。包括研究解决了什么问题，还有哪些问题没有解决，研究结果说明了什么问题，是否实现了原来的假设，最后需指出要进一步研究的问题。

参考文献：这也是重要的一个板块，很多刊物首先就是看写的论文是否有参考文献，没有的直接就去除了。这里一定要按照相关要求写参考文献，包括使用上标等规范都是需要注意的。

研究报告书是一个相对比较固定的格式，当然可以根据我们研究的需求对上述的板块进行增减，但是基本的板块一定是需要保留的，如标题、摘要、前言、研究结果及分析、结论和参考文献。

突出结论与应用

对于研究报告书来说，结论和应用是重点。结论就是研究的成果，它可能将会被认可、应用和推广，那么对于编辑老师来说，这部分是至关重要的，因为我们的一线教师都有现成、可复制、可模仿的教育教学成果，当然也就是大家所喜欢的了，这也应该成为一种正常的教育研究样态，有些研究确实具有很成熟的成果，那么我们为什么不结合教育教学实际直接运用，还要另起炉灶去烹制呢？当然，我们要重新建构自己的研究也未尝不可，而这个研究结论同样能服务于我们，它能让我们看到研究的现状，也能为我们在这个基础上进一步延伸研究提供文献保障，因此研究结果的阐述要客观、有序、全面和清晰。从研究方法再到研究实验，都有对应的结果，不是随意取舍的。研究结果的表达方式有文字表达、图示、列表等方式。这些表达方式各具特色，增强了可读性和科学性，例如文字说明灵活、简洁、易理解；图示形象、直观、可视化，具有很好的可读性；而列表给出的实验数据与结果则给人以直接、可靠和精确的印象。

此外，一定要注意文字表达的客观性，无须有任何主观评价、赞美的文字。

凸显文章的逻辑性

研究报告应是一种具有逻辑性的专业表达体例，在表达上我们一定要关注每个板块的逻辑性，和它们之间的紧密关系，而且是有依据的，并不是随意提出的，特别是几个重要的板块的内容，具有逻辑性才能体现专业性。

研究问题的提出逻辑：研究问题一般来源于现有研究中提及但未深入的，或在研究中又衍生的新问题；也可能是从教育教学实践中遇到的困惑中产生的问题；还可能是研究者在实践中直觉感知到的新问题。这些问题的产生都有共同的特点，就是具有较强的逻辑性，不是凭空而来的，可见问题与问题间是有关联的，问题是在经过了历史发展形成的，那么问题与问题、问题与方法等都应存在逻辑性。

研究内容的展开逻辑：研究内容是研究问题的具体化，一般情况下，我们会把研究问题进一步分解，变成了若干子问题，变成了一篇文章的提纲，这个提纲的细化就成了研究内容，即层级性的子标题。这些提纲的内在逻辑则体现在子问题的层级上，它们就像是一个个“关节”链接起来，可能是并列的，也可能是递进的。

研究方法的构思逻辑：与研究问题的提出、研究内容的展开相比，研究方法的构思是逻辑关系最凸显的部分。本身研究方法和研究问题就有着密不可分的关系，研究方法的构思要涉及研究问题的合理性、研究实施的可行性、研究结论的科学性等，研究方法是研究问题解决的媒介，那么它需要与研究问题一样具有逻辑性。

研究报告以问题为中心，通过合理的实施路径，得到科学的研究结论，对我们的教育教学起到了促进和改善作用。那么掌握一些写作技巧，完善我们的研究报告，形成更科学的成果，也是我们研究的意义所在。

第四章

写何用

——成果需要认可

有些教师在成果输出后不知作何用，有些教师为无发表途径等而苦恼。笔者也在很长的时间叩问自我，我为何要这么努力地去实践教育写作呢？教育写作这件事对我的教育教学生活能有什么影响呢？

经过长期的实践，笔者觉得教育写作是自己在教育教学生活“以外”的一种另类的收获，当自己的文字变成了铅字，那种成就感是油然而生的。而且我们在教育领域中耕耘一辈子，难道不想在刊物上，在知网中留下一些自己的身影和笔迹吗？稍有上进心的教师一定是需要这个来完善我们的教育人生的美好历程的。

问题 27：如何通过写作促进高品质阅读？

笔者在很多场合做有关教育写作的主题讲座时，互动交流环节被问及最多的问题就是“您是如何提高写作能力的”，我的回答每次都是斩钉截铁的，是阅读助力我的教育写作能力不断攀升；而当写作能力有了一定的积累后，我们的教育写作又反作用于阅读，促进我们对阅读有了更高的要求，从而不断提升我们的阅读品质。写作和阅读就这样成为一对结合体，一边写作，一边阅读，这就成为我们的教育生活中非常重要的组成部分，也使得我们的教育人生丰盈而富有张力、深刻而富有思考力、独特而富有表达力，那么笔者习惯了什么样的阅读方式呢？

依托业界热点而阅读

在我们小学数学界，不同的阶段都会有许多不同的讨论热点，那么作为一名一线小学数学教师我们必须了解当前学科的发展态势，因此有必要跟着这些讨论热点阅读文献、有影响力的专家论著和一些刊物专题等，那么我们的思想才能跟得上时代的步伐。反过来，我们针对热点开展写作，为了达到有深度、有广度、有独特的见解，就必须去阅读相关的书籍，这就形成了一个闭环，从而让我们思想和写作能力又得以双向生长。例如，2022 年颁布了新课标标准，那么《义务教育数学课程标准》《义务教育数学课程标准（2022 年版）解读》《小学数学义务教育课程标准 2022 年版课例式解读》和《小学数学义务教育课程标准 2022 年版案例式解读》等这些书籍，很多出自课标组的核心成员，有史宁中、马云鹏、孙晓天、张丹、吴正宪等专家和一线名师，其可读性非常强，而且能给我们带来最前沿的政策解读和实践经验。这样的阅读收获的能量是巨大的；这样的阅读也能带给我们“快速”的营养，让我们运用于教育教学实践中；这样的阅读还能沉淀我们的思想，解答我们的疑惑。因此依托热点阅读，不仅是我们教育写作的一个出发点，更是我们专业发展的另一种修炼。

根据随性兴趣而阅读

我们的时间是十分有限的，而且有些还是比较零散的，怎么用好这些边角时间呢？如何让随性的阅读提升我们的素养呢？笔者喜欢在这些时间用来读一些“休闲”书籍，例如一些传记类，像李开复等 IT 届的名人成长史都是比较喜欢的，从他们身上看到了坚韧的品性和执着的追求，能赋予自己更多的力量。还有就是学科专业的一些书籍，如吴正宪老师、曹培英老师等一线专家的文章。吴正宪老师对教学的理解、对儿童的理解，都是值得我们细细品味的；曹培英老师对教材的理解、对课标核心词的解读都是我们需要的。这样随性的阅读不受时间、空间的限制，反而自由、快乐，读到哪学到哪，没有功利性的追求。此外，笔者还喜欢利用这些时间随性地阅读一些教育公众号里的文章，如“人民教育”“上海教研”“中国教育学刊”等刊物公众号，“一课研究”“小数研修”等学科教研公众号等。这些文章一般都具有即时性，能让我们接收到最新的教育教学信息和研究方向，也能给我们自由阅读的空间，想快速阅读或仔细研读，想粗略浏览还是细细品味都可以把控。更重要的是根据兴趣来阅读，其效率是比较高的，人就是这样的奇怪，当我们做自己喜欢的事情，效率是要比被迫完成更高的，那么这样的阅读就能效果最大化，让我们受益也是最多的。

针对研究主题而阅读

如果我们要开展深度研究，那么阅读也是必不可少的，而且还需要有针对性的书籍阅读。这种按需阅读的方式是我们在开展某一特定工作室有效的媒介，例如笔者有一段时间需要建构学校的课程体系，那段时间就阅读了很多学校课程建设相关的书籍：《建构学校课程框架》《跨界课程：学科课程的边界拓展》《学校课程深度变革18条建议》《七彩课程　美丽人生：北京市海淀区七一小学课程建设的“知与行”》等，从这些书籍中去汲取营养，从而基于学校的生长文化构建了双“S”生长课程体系。再如笔者在初次成为校级领导后，遇到了管理上的问题，我们怎样成为一名优秀管理者呢？可以从《忠告中层——给学校中层管理者的47封信》《学校管理的本质》《学校管理的50个典型案例》等书籍中获得智慧，逐步清晰教育管理工作的路径和智慧。在学科研究领域中，笔者近期一直关注小学数学教材内容的二次开发，那么我们从《小学数学教材中的大道理——核心概念的理解与呈现》《基本概念与运算法则——小学数学教学中的核心问题》《跨越断层，走出误区：“数学课程标准”核心词的解读与实践研究》《小学数学与数学思想方法》等书籍中找到了我们研究的生长点，利用动态化思维的培养来打造我们动态化的教材呈现方式。因此，我们针对自己当前需要解决的问题，或研究展开阅读，那么就能有效地帮助我们解决相应的问题，这样的阅读，让我们有新的生命和成长。

遴选权威刊物而阅读

刊物阅读是教师们很难常年坚持下来的，但是笔者工作至今17年，有一本刊物是没间断过订阅的，那就是《小学教学（数学版）》，最早的刊名为《小学青年教师》，这本刊物比较合适像笔者这样的一线教师，刊物中有专家的理论性文章引领，也有一线教师的教学案例等文章，属于比较接地气却质量极高的刊物，它连续几年成为中国人民大学复印期刊转载最多的刊物之一。第二本就是《小学数学教与学》，这是一本中国人民大学复印期刊，是一本不接受作者投稿的刊物，它的所有文章都是转载于小学数学领域的其他刊物或综合性刊物的，便可见其文章的质量要求不是一般高了。第三本是《小学数学教师》，这一刊物编辑具有独特的视野，对文章质量要求不低，每期文章的策划也非常有创意，因此也是一本值得我们去阅读的刊物。此外，如果我们需要了解综合性的教育信息或热点政策，笔者推荐《人民教育》《上海教育》《课程·教材·教法》等刊物，这些都是当前教育领域中比较权威的，而且一般情况下都是会分专题进行综合性发表的刊物，例如当前的教育热点聚焦在课程方案的实施，那么这些刊物一定会刊出很多相关的理论文章和案例，可供我们学习和研究。

写作和阅读应该就是一对孪生兄弟，相互作用、相互促进、相辅相成，在写作中去优化自己的阅读方法与方式，在阅读中找到自己的写作灵感和教育感悟，这就是它们的关系。

问题28：如何认识正规刊物？

我们作为普通的一线教师，专业表达的终极目标之一，那一定是发表。虽说得有点儿俗，但这也是契合我们作为一名普通一线教育工作者心理的。那么我们辛辛苦苦写一篇文章，怎样才能发表在正规的刊物上呢？哪些才是正规的刊物呢？这需要我们进一步去多看、多读、多了解这些刊物，特别是在投稿之前一定要先查阅一下刊物相关信息。根据笔者的经验，以下几点是值得大家参考的。

一般情况下，收费刊物都不那么正规

我们很多教师把稿件投递出去后，过了一两个星期就收到了杂志社的邮件，一般是提到我们的稿件拟被录用，但是需要缴纳多少钱的版面费之类的信息。如果收到这样的回信，我们一般可以确定这样的刊物都是非正规刊物。目前，在信息化时代，我们的纸媒经营压力确实越来越大，但还是有些刊物会给作者发稿费，而非向作者要版面费，像《小学教学》一般按每千字40—80元左右的标准发放稿费，《新课程评论》则每千字100元左右，《小学数学教师》《福建教育》等也是有稿费给作者的。当然，目前还有小部分正规的刊物是需要缴纳版面费的，而且还有个别刊物的档次比较高，但不多，我们可以多了解。有些收费的刊物是野鸡刊物或者套名刊物，碰到这类刊物就要更加小心甄别，切不可上当。虽然收费并不是唯一的判断标准，但是收费刊物十有八九是非正规刊物。

利用平台，在知网、维普网上查询

一般正规刊物均能在知网和维普网刊物检索处中找到，也有个别正规刊物不在它们的检索目录中，但是非正规刊物一般情况下都不在刊物目录中。那么

当我们拿到刊物后，可以借助平台，将刊物名称输入刊物检索处查看，我们不仅能看到是否存在这个正规刊物，我们还能通过刊物信息查看到它是否为北大核心期刊，其相关影响因子等信息。所以学会利用信息技术和网络平台，能让我们更加精准地认识刊物，也逐步培养我们的研究习惯。此外，我们发表过的文章也可以在这两个网站中检索，它们被引用、下载等信息也一目了然，形成了我们文章的一张“关系网”，可见这两个平台给我们教育写作、投稿和研究刊物等都带来了巨大的作用，所以一定要深入了解平台、用好平台。

通过刊物的刊号判断

一般正规的刊物都是一刊一号，且有两码，即国内统一连续出版物号 CN 码和国际标准连续出版物号 ISSN 码。此外，如果是教育类刊物，一般它的 CN 码是以 G4 结尾。如《小学教学（数学版）》这本杂志，它的国际标准连续出版物号为 ISSN1674-277X，国内统一连续出版物号为 CN41-1394/G4；而一些非正规刊物还有存在一号多刊，也就是说一个出版号，它既是杂志的，也可能是报纸的，还可能是同一出版社的多本杂志的，这个我们就必须通过刊物的质量来判断和根据我们当地对刊物的要求来判断。还有一种刊物叫内刊，这种刊物是不存在刊号的，它是属于内部交流的刊物，但是有些刊物的质量是非常高的，例如吉林市教育学会出版的《青年教师》、深圳市教科研出版的《深圳教育科研》，这些刊物虽然没有刊号，但是文章要求和质量比很多有刊号的一般刊物还要好一些，而且像《深圳教育科研》上发表的文章在深圳参加各类评审是被认可的。因此，刊号就好像是一本杂志的身份证，一刊一号，我们能通过它初步判断真假。

向资深作者或编辑请教

资深作者对杂志的认识度一定比没有投稿经验的小白要高很多，因此他们的投稿经验可以帮助我们认识杂志、学会投稿。例如笔者，在许多刊物发表过文章，对这些刊物还是有深入了解的，那么杂志的真伪便能较快分辨，也能快速利用平台等工具查询和判断杂志的真假。还有一个途径就是多结识一些杂志社的编辑老师，他们在这个行业中工作，对刊物的了解也比我们要多很多，包括刊物的运营方式等，那么我们就可以大致知道有些杂志虽然是收费的，但它也是正规刊物。所以多问、多查、多结识朋友，一定不会错，这样或许能让我们的文章尽可能地发表在正规刊物上，发表在质量比较高的刊物上，被更多人所阅读、学习。

查阅刊物，看刊物质量

如果要向某刊物投稿，笔者建议一定要查阅一下实体版的刊物，可以翻看一下里面的文章，看看其文章的质量，是属于什么文章都适用的呢，还是有专题、分类，整体性比较强的呢。好的刊物一般都有较完善的刊发计划和思路，所以对文章的要求都比较高，例如教学设计类的文章一般都是跟我们教学进度契合的，再有就是目前已经越来越多的刊物缩减教学设计类的文章，那么你看看这个教学设计质量是否是上乘的、有创意的，如果很一般，那么这个刊物的质量也就不怎么好了。还有就是刊物的总页数，现在很多刊物为了刊发更多的文章，把页数都扩展至 200 余页，这都可以变成一本专著了，这样的刊物一般也质量一般。我们优秀的刊物对文章总数和总页数还是有控制的，例如我们熟悉的《小学数学教师》文章总数一般在 30 篇左右，总页数在 80 页左右。如果我们仔细地去研究一下刊物，它经不经得起我们的推敲就很显然了。

我们“做”一篇文章不容易，都希望能发表在正规的刊物、高质量的刊物中，那么不妨多一些视角去研究和考察我们的刊物，当你走近它就能窥其全貌，那么无论是投稿还是发表都会多一分胜算。

问题 29：如何把握投稿规范与技巧？

投稿有规范和技巧吗？投稿是不是按照投稿信息往相应的邮箱投递就可以？这就是我们许多教师存在的疑问。但实际上如果我们对投稿稍微研究一下，多一点规范的投稿方式和掌握一些投稿的技巧，是能提高我们的中稿率的。确实，投稿并不是一件能简单处理的事情，我们知道有些刊物是通过网站投稿的，有些是通过电子邮箱投递的，还有些是只接受纸质稿件的（如《小学数学教育》），而且每种刊物的文稿要求也略有不同，甚至对字体、序号、标注和参考文献等都有规范的要求。因此根据要求撰稿、投稿才能入编辑的法眼。

认识杂志，了解栏目，切勿“滥”投

笔者经常会接到教师向我要投稿电子邮箱的信息或电话，我都会告诫教师，如果这样直接把稿件投递过去，石沉大海的概率非常高，因为我们没有好好地研究投稿的刊物。所以一般都会建议我们的教师给刊物投稿前先找到 3—5 本这个刊物仔细地研读，首先，要看到其栏目分布，预判我们的文章适合哪个栏目；其次，要看文章体例和风格，我们的文章如果要在这个刊物发表，我们的文字表达和结构是否需要有微调；最后，看刊物的用稿习惯，是多用专家、名师的文章，还是普通教育者的文章也占有一定的版面比例。这就对刊物有了一个整体的判断，一般情况下这本刊物多发表哪些文章、具有什么特征等，我们是否可以投就有了初步的认识了。所以认识刊物，了解栏目是非常重要的，因为如果我们把教学设计投递到《辽宁教育》这样的刊物，无论你的文章写得多好，编辑老师也无法使用，因为《辽宁教育》作为综合性刊物，一般是不发表教学设计这样的文体的，教学设计类的文章即使发表可能也得改为教学案例的形式，要有夹叙夹议的专业表达方式。

有的放矢，适可而止，切勿“多”投

投稿时切记不要一稿多投，这是投稿第一大忌讳，对于编辑来讲，如果有稿件同时在两个杂志上刊发，那么就像给他们的职业上多了一个小小的“污点”。所以在投稿前，我们对有意向的刊物进行细致的研究后，确定我们稿件与刊物的符合度是否一致，那么就开始给编辑投稿，注意给编辑发稿件时，也一定要附上一些文章的简要说明，并表达自己谦逊的态度和请求。而有些杂志既要求我们的稿件用附件上传，还要将正文粘贴在邮件中，方便编辑可以直接阅读。另外，我们就只能投给一家刊物吗？可是一家刊物一般的审稿周期都要3个月，如果3个月后编辑才通知我们稿件不能刊用，对于我们来说太难了，又得重新经历3个月。如果是时效性很强的稿件可能还得等下一周期，这个等待时间实在太长了。其实，我们可以有间隔地给两三家刊物投稿，但是当有编辑通知稿件录用后，就一定要给其他编辑去信通知本稿已经在哪家刊物录用，申请撤稿，这样可避免自己被编辑拉入黑名单，我们自己又多了一点可能发表的机会。切记一定不要一次性投给太多家刊物，好像天女散花般，更不要采用群邮件功能，这样的话编辑的黑名单中一定有你，那你就是稿件永不录用的人选了。

龙头凤尾，精雕标题，拿下印象分

质量比较高的刊物其实不是很多，例如我们小学数学领域也就那么几家，因此编辑每天要查看的稿件堆积如山，在电脑上一天要查看那么多稿件，你觉得能非常仔细、非常用心吗？还是有点儿难度的。那么他们是怎样工作的呢？第一步看标题，标题上有热点讨论的可能会留下，另外有特色、吸引人的标题也会被编辑关注，标题一般或没特色的稿件，连占用编辑电脑的存储空间的机会都没有。第二步看开头结尾和框架结构，文章的开头一定要阐明核心问题和自己的独特见解，能打动编辑、能引起编辑往下读的兴趣；结尾要能点题，要做到首尾呼应，最好能将观点提炼到理论高度，让读者有了更深入的思考；框架结构，就是要看小标题与大标题的逻辑关系，是否能支撑核心观点。到了这一步，我们文章被刊用的机会就大大提高了，也就说我们的文章还有修改的价值。第三步看整体表达，是否具有专业性，观念是否有偏颇，语言表达是否简练、生动，这些都是编辑所关注的。所以说，我们必须要进入第二步，那么编辑觉得这篇文章有价值，他可能会反馈修改意见，如果问题较小的，他可能还会直接帮助修改并刊发了。

把握机遇，适时投递，提升中稿率

投稿的时间其实也是有大学问的，很多教师习惯了文章写完，马上就找刊物并直接发至其邮箱。这些是没有考虑到投稿者和审稿者的心理的，很多投稿者对投稿时间没有太在意，都是随意投递的，有些投稿者习惯在上班第一天投递，有些又习惯于周末投递。那作为审稿者会有什么样的心理呢？辛苦工作了五天，周末时间你会不会也想好好给自己一个休闲时间，陪陪家人，做自己喜欢的事情？那会有时间去查阅邮箱的稿件吗？大家都比较习惯在上班第一天时间投递，那么这一天的稿件量是不是会非常多，编辑是否有足够的时间和足够的耐心去对待我们的稿件呢？想清楚这些问题后，你就可能逐渐发现了投稿的最佳时间，还有通过与编辑的交流后也慢慢掌握他们的习惯去确定投稿时间。现在看来，实际上投稿时间也是有讲究、有技巧的呢！

投稿这件看似很平常的事情，如果我们用心发现、耐心思考，就能发现其中的奥秘，当然，如果你把握了这些技巧，我们文章刊发的概率也就大大提升，同一篇文章，在不同编辑眼中是不同的感受，在同一个编辑不同的时间里也可能是不同的感受。所以，习得小小的技巧，能大大提升中稿率，我们何乐而不为呢？

问题30：如何从量变到质变，享受专业的尊严？

做好一件事情，不可能一蹴而就。它应该是持之以恒，一点点、一步步地努力靠近成功，这就是我们做成事的必经路径。教育写作也如此，从不会到会，从不深入到深刻，从口语化表达到专业表达，这也是每个教育写作者必然经历的。但是如果我们坚持不懈，把教育写作当成了我们教育生活中不可或缺的一部分，那么我们能收获什么呢？笔者最大的收获就是思想的深邃、理论高度的不断攀升，看问题的深度、广度都有了不同层次的提升，从而专业水平也快速地跨越了每个阶段的瓶颈，真正地实现了从量变到质变，站上专业的最高峰。

多阅读，它是促发深度思考的蓄电机

阅读是我们从量变到质变的基本路径，把书籍读"薄"又读"厚"，把自己读"厚"又读"薄"。书从厚读到薄是将知识逐步消化的过程，又再读厚是指不断地把书籍的内涵、外延和思考变成了自己的思考和认识，也就是从读书到读人、读社会；把自己读厚就是要不断吸取书籍的营养，使得自己变得更加壮大，再读薄是指要学会大道至简，找到属于自己的大概念深耕，钟情于自己的一亩三分地。阅读就是把自己打开，与书籍对话，逐步变成了悦读，让自己的心灵、精神都无比的丰盈，更重要的是它能不断地使自己变得具有独立思想和深度思考的习惯。阅读也使得自己的视野、眼界和思维方式都能产生较大的正向变化，它就像是一个蓄力与充电的过程，当变得有足够强大的电力时，那么发光发热便是顺其自然的事件了；而我们业界内很多优秀的专家和名师也有着这样的共同爱好，像华应龙老师、徐斌老师都是能将《老子》背下的阅读者，他们能谈古论今、知天晓地，那都是阅读的积累。那么要成为一名优秀教

师，享受专业的尊严，阅读一定是第一道关。

善思考，它是产生独特视角的发动机

思考是思维的一种探索活动，而思考力则是在思维过程中产生的一种具有积极性和创造性的作用力。作为一名教育者，唯有站在一定的高度上看问题、思考问题，才能不断拓宽自己的视野，从多维度去审辩相关问题，从而培养出独特的思考视角，与众不同的思考方式，并通过创新性思维来解决问题，那么思考就像是我们思维活动的发动机。我们可以比较爱思考和不思考的两类学生，你会发现爱思考的学生才是真正地学会了学习，他能举一反三，他能迁移应用，他能自主解决问题，这些都是很难能可贵的能力，是为其后面发展奠定基础的能力。其实，作为教师也是一样的，我们经常透过现象看本质、挖问题、想办法，那么你的思维就会比别人高一个层次，你思考的深度就会比别人更深一个层次。这就是造就我能比别人想得更到位、更深刻、更独特的缘由。作为一名教育者，首先必须是思考者，因为我们面对的是多个不同的个体，每天面对的都是全新的问题，而思考则能助力我们在教育这条道上走得更长远、更长久。

勤笔耕，它是积累发表素材的内燃机

笔耕不辍是我们的追求，而我们教育者最应具备书生气。在我们教育领域有一个书生校长叫程红兵，这是位具有大智慧的校长，他的教育理解、学校管理等都是上乘的，他也是一位热爱写作的校长，他开设有公众号“程红兵教育笔记”，里面有很多他对教育教学的独特见解。无独有偶，程红兵校长有一位好友，叫李镇西，这也是一位大家非常熟悉的名师、校长，他同样是一名热爱教育写作的专家，他将所见所闻、所想所思都付诸笔端，在他的“镇西茶馆”公众号上也有许许多多文章，真情实感地表达其对教育的热忱与智慧。当然，笔者跟这些大家比起来，肯定是十分渺小的，但是在我的电脑中有一个专属的文件夹，里面存放着论文、案例、叙事等素材几百份，正是这坚持，让笔者也收获了一些成绩，发表了 50 余篇文章，出版了 2 本专著，合编 1 本著作。这些成果一定都是从这些素材中集合、统整和凝练出来的。所以只有勤奋笔耕，才能有更多的素材，然后内燃机才能将它们点燃，产生化学作用，从而发生了质变。

广积累，它是提供多元选择的融合机

天才并不多有，你我都是平凡人，关键是需要不断地积累。可能是积累写作素材，记录下我们教育教学发生的有趣、有意义的事件或独特视角；可能是积累生活经验，在茶余饭后多留心观察生活中一些有意义的新鲜事及社会见闻，有我们近期热烈讨论的新课标，有我们遇到的困难、有我们课间教师间的辩论与研究，也有我们对教育生活的另一层理解；可能是积累情感体验，一篇好文章，要有灵魂，而灵魂来自情感积累，在我们的文章中要流露出自己对待人生、对待生活的态度，更要有对教育教学的了解，这故事里的人，故事里的喜怒哀乐，都因自己在场而生动、真实和深刻；但是我们累积的素材也可能都是零散的、随意的，那么就需要我们将其进行融合和提炼，变成一个整体，一篇能让人产生影响的文章，积累是我们教育者时刻要保持的一种习惯。

每个教育者的教育人生都不一定一样，但是通往成功的路径可能都差不多。就如荀子在《劝学篇》中提到的：“不积跬步，无以至千里；不积小流，无以成江海。骐骥一跃，不能十步；驽马十驾，功在不舍。锲而舍之，朽木不折；锲而不舍，金石可镂。”做什么事情，要从量变到质变，没有捷径可走，都是要一点一滴地努力，一步一个脚印地前行，才能抵达目的地。

写在后面的话

教育写作，这一另辟蹊径的专业发展路径，可能并不是所有的人都认可，毕竟它不是成功的主流。作为一名享受这一专业成长红利的教师，在这里向大家推介，难免有点儿给自己贴金的嫌疑。但熟知笔者的人便知道，这些年自己在我们区域内小有“名气”，也受到了很多的邀约。这些草根式经验能受到认可与关注，当然有大家的怜爱，也有小部分的真爱。正所谓知己难得，知音难觅，人生得一知己，足以慰风尘。单纯这点就值得笔者十年如一日坚持下来，因此这些年笔耕不辍，将自己的点滴思考转化为专业表达，却误打误撞，收获了从未敢想能有一天得到的荣誉和专业尊重，或许这就是皇天不负有心人吧。所以人生最重要的是我们自己要认准了，只有认准了才可能发生奇迹。

认准了，就勇往直前。要认准一件事不易，在我们不断前行的路上，可能会被路途中的美景吸引，可能会被路途中的人带偏，还可能被自己飘浮不定的内心左右。因此，认准了，就不要犹豫、不要多想、不要驻足。错过此刻的美景，可能会收获抵达终点更宽广的美景，而且尽收眼帘的那种；错过了某些人，可能你少了一份干扰，收获了志同道合的那一群人；错过了某些事，可能是因为后面还有更大的惊喜等着你。认准了，就不问东西，径直往前走，一路上的披荆斩棘，一路上的狂奔飞驰，一路上的排难解忧，相信终极美景、意外礼物都在路途的末端，一定不会枉费我们一路上的艰辛耕耘，也不会枉费我们一路上的尽情付出。

认准了，就顺其自然。要做到无欲无求，需要非常高的境界，但多一份顺其自然的心理却不算太难。凡事不带太多功利性的态度，不带过激追求欲心理，让事情顺势而为、顺流而下。有了种样心理，事情便可能有意想不到的收获。也正是因为这平常心让人舒适，奋进的力量也就更加足了。因此，认准了，保持着这样的心态，我们在前行路上便没有了负担，只留下单纯的喜爱，让我们能自由、随性地追求我们的理想。当然，要做到顺其自然，也是需要非常高的自觉性和悟性，对事情看“淡”又看“重”，这样的哲学如何把握，那就要看我们的悟性了。但是认准了，顺其自然把力往一处使，成功也就不远了，成果也就水到渠成了，这同样也就是我们的处世之道，工作之窍门。

认准了，就尽情享受。其实谈享受并不是那么简单，要达到能享受那个层次也还蛮高级的。这里笔者提到的享受，是指我们既然认准了，就不抱怨、不懈怠、不放弃，享受我们的职业定位，享受我们的目标追求，享受我们的实践过程。当然，认准了，我们就要付诸努力，这个过程是辛苦的、坎坷的，有障碍、有诱惑，但是如果我们把它当成事业的一部分，或许你就能收获幸福感，你就能享受到职业的尊严，你就能得到专业成长带来的各种附属品。从某种层面上讲，这其实就是一种享受，可能是精神的享受，可能是物质的享受；然而，用享受的视角，虽说有点儿自嘲的成分，但是艰辛的付出后一定能见到彩虹，一定能给自己的专业发展提供一条新的路径，这不就是享受吗？

在当今时代，认准是难能可贵的，但也只有认准、看清自己的职业需求，看清了自己的专业发展路径，看清了自己未来的生长方向，或许才能豁然开朗，才能柳暗花明又一村。所以，认准教育写作这条路，如果你想在上面开出花、结成果，那么你就从它入手，开辟通往属于自己的教育生活的路。也期待未来的日子，看到越来越多教育者认准自己的路，找到自己的方向，在教育领域中精彩纷呈。